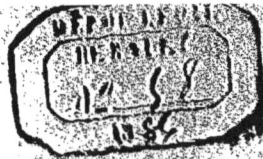

L'ESPAGNE

TELLE QU'ELLE EST

PAR

V. ALMIRALL

MONTPELLIER

IMPRIMERIE CENTRALE DU MIDI

(Hamelin Frères)

—

1886

L'ESPAGNE TELLE QU'ELLE EST

L'ESPAGNE

TELLE QU'ELLE EST

PAR

V. ALMIRALL

MONTPELLIER
IMPRIMERIE CENTRALE DU MIDI
(Hamelin Frères)
—
1886

L'ESPAGNE

TELLE QU'ELLE EST

I

Le mouvement régional, qui acquiert de jour en jour des formes plus définies en Catalogne et s'étendra bientôt à d'autres contrées de l'Espagne, ne saurait être bien compris et jugé à l'étranger si l'on ne possède une connaissance exacte de l'état actuel de ce pays. Nous croyons donc remplir un devoir en présentant aux yeux de tous un tableau fidèle de notre nation; tableau fidèle, disons-nous, dont les couleurs ne seront ni atténuées, ni chargées.

C'est à la *Revue*, organe international des pays latins, que nous devions naturellement nous adresser pour atteindre notre but; nous acceptons donc avec reconnaissance l'aimable hospitalité de ses colonnes, en gardant pour nous la responsabilité pleine et entière de nos appréciations.

Nous nous réservons aussi, pour diverses raisons, de n'apposer notre signature qu'à la fin du présent travail. Nous déclarons, en attendant, que, depuis bientôt vingt ans, nous prenons une part active aux affaires publiques espagnoles; mais que, n'étant lié à aucun des nombreux partis ou bandes politiques qui désolent notre pays, nous possédons toute l'indépendance nécessaire pour mener à bonne fin, avec impartialité et en connaissance de cause, la tâche que nous nous imposons. Cette tâche, quand bien même nous ne lui donnerions pas toute l'extension qu'elle comporte, est très-utile dans les circonstances actuelles. L'Espagne est, sans aucun doute, le pays le moins connu de l'Europe, quoiqu'elle soit peut-être un de ceux sur lesquels on a le plus écrit; car des écrivains de tous les pays se sont fait un devoir de lui consacrer quelque livre, et ceux qui ne pouvaient faire le *Voyage en Espagne*, à la mode pendant si longtemps, copiaient les autres et présentaient au public leurs impressions réflexes. La majeure partie de ceux qui ont écrit sur l'Espagne nous ont dépeints de telle sorte que nous ne saurions nous reconnaître nous-mêmes parmi les légions de moines et de toréadors, de *manolas* et de *chulos*, de muletiers et de mendiants, dont ils ont peuplé nos villes et nos campagnes.

Il est vrai que ces écrivains ne doivent pas supporter toute la responsabilité de leur manière de voir erronée; ils ne font en cela que suivre les idées préconçues qui subsistent encore en Europe à l'égard de notre pays. L'écrivain superficiel qui entreprend un voyage en Espagne ne voit partout, même avant d'avoir franchi la frontière, que couvents et amourettes, yeux langoureux sous les mantilles, à travers les fenêtres grillées, duègnes, castagnettes et combats de taureaux, et, durant son séjour parmi nous, il ne cherche que la confirmation de ce qu'il a rêvé, afin de frapper l'imagination de ses compatriotes par des contes romanesques et des descriptions fantastiques de costumes et de mœurs qui ne sont rien moins que véridiques. Pour de semblables écrivains, notre état social et politique présent n'offre aucun intérêt, et ils ne daignent pas même lui accorder un regard. Tout absorbés par leur rêve, ils ne voient pas l'Espagne réelle, quoique celle-ci soit aussi intéressante à observer que l'Espagne fantastique qu'ils ont forgée pour l'amusement de leurs lecteurs.

Quant à l'étranger qui vient chez nous avec des idées plus sérieuses et un désir réel de s'instruire, il rencontre des difficultés d'un autre ordre, et qui l'empêchent généralement de voir les choses telles qu'elles sont. Le plus souvent, si c'est un homme de quelque importance, il arrive à Madrid muni de bonnes recommandations, et il est immédiatement accaparé par des personnages qui jouent un rôle actif dans notre politique. Étonné de la facilité avec laquelle toutes les portes s'ouvrent devant lui, il s'éprend bientôt de ceux qui savent remplir si galamment les devoirs de l'hospitalité, et il est gagné à leur cause. La facilité d'élocution de ses nouveaux amis et la variété de leur conversation, qui effleure tous les sujets, achèvent de le captiver. Dès lors, quoiqu'il parcoure ensuite d'autres villes de l'Espagne, il reste sous l'influence des idées que lui ont inculquées ses amis de la capitale, idées aussi erronées que celles qu'avait imaginées l'observateur superficiel. Il ne voit les choses que sous le point de vue des intérêts des politiciens madrilènes et de leurs créatures de la province, et, en rentrant dans son pays, il connaît aussi peu le nôtre que les voyageurs qui n'y ont vu que femmes avec poignard à la jarretière et grands d'Espagne se présentant dans l'arène pour combattre les taureaux.

Madrid, en effet, est une ville douée d'une physionomie toute particulière et qui lui donne beaucoup d'attraits pour les étrangers de passage. Elle est habitée par une foule immense de désœuvrés, d'un commerce facile, très-accessibles, légers, frondeurs et amis du plaisir. Les sommités de toute sorte qui marchent à la tête de cette multitude, aristocraties de la politique, de l'argent ou des parchemins, ne sont pas moins faciles et accessibles que le menu fretin. Avec de bonnes manières, un habit à la mode et la bourse bien garnie, on entre partout et on parle à tout le monde, au bout de vingt-quatre heures. Or tous ces désœuvrés, ne vivant en général, directement ou indirectement, que de l'argent qui de toutes les parties de l'Espagne afflue à Madrid, en sont arrivés à considérer le pays comme un fief, et les travailleurs des provinces comme des vilains taillables et corvéables à merci. Cette opinion, ils s'efforcent de l'inculquer à leurs visiteurs, et, comme ils ont à leur service une verbosité qui arrive parfois jusqu'à l'éloquence, jointe à beaucoup d'esprit, quelque peu superficiel, il ne leur est pas difficile de convaincre des auditeurs prédisposés déjà en leur faveur, et manquant d'ailleurs des moyens de contrôler leurs assertions.

Pour toutes ces raisons et pour beaucoup d'autres, l'Europe ignore encore l'Espagne. Une croyance très-répandue est qu'un voyage dans notre pays offre les plus sérieuses difficultés, voire des dangers; et cependant des trains plus ou moins express, munis de wagons-lits plus ou moins confortables, sillonnent la péninsule, et on arrive de la frontière à Barcelone en cinq ou six heures, et en seize ou dix-huit heures à Madrid.

On croit aussi généralement à l'étranger que l'Espagne est encore le royaume de Charles II, et qu'elle pullule de moines, comme au temps de ce roi ; et pourtant rien n'est moins exact. Les communautés religieuses furent abolies à la suite de la destruction violente des couvents, il y a cinquante ans déjà, et depuis cette époque les rares moines qui, en dépit de la loi, se sont de nouveau glissés parmi nous, cherchent à passer inaperçus et se tiennent dans l'ombre, silencieux et craintifs, comme si le sol tremblait sous leurs pieds. Aujourd'hui l'Espagne est le pays où l'on en voit le moins.

Les voyageurs cherchent dans nos villes des femmes en mantille et avec la basquine de satin ne descendant qu'aux genoux, et ils ne rencontrent que des chapeaux et des robes à la mode plus ou moins récente de Paris. Ce n'est que pour assister aux courses de taureaux que les dames de l'aristocratie madrilène revêtent l'ancien costume national ; et ce n'est là qu'un travestissement. Quant aux hommes, ils ont encore plus que les femmes adopté les modes françaises ; le costume pimpant et caractéristique de Figaro ne se retrouve plus qu'au cirque ou sur les tentures de Goya.

Au premier coup d'œil, et en laissant de côté les costumes particuliers à quelques contrées, que les paysans conservent encore, comme dans le reste de l'Europe, l'Espagne présente le même aspect que n'importe quel autre pays. Il ne nous reste donc plus rien de ce que les voyageurs fantaisistes ont décrit; mais, par contre, d'autres choses ont surgi, tout aussi curieuses que celles qui ont disparu ou n'ont jamais existé. L'Espagne réelle est aussi intéressante à observer que l'Espagne de convention inventée par les touristes.

L'immoralité et l'anarchie subsistent encore et se sont peut-être même aggravées, et c'est à elles que nous sommes redevables des particularités qui nous distinguent. Notre nation se trouve aujourd'hui dans la décrépitude, et elle est parvenue à cet état sans passer par l'âge viril, à cause de son développement historique particulier après le moyen âge; elle vit donc comme vivent les êtres décrépits. Nous justifierons cette affirmation par l'ensemble de ce travail.

Avant d'entrer au fond de la question, nous désirons fixer notre attitude, afin de prévenir le blâme et peut-être les reproches des désœuvrés dont nous parlons plus haut. Pour le seul fait de dévoiler aux yeux des étrangers notre situation réelle, on nous accusera de manquer de patriotisme, et, lorsqu'on verra que nous attendons notre régénération de la renaissance régionale, on nous qualifiera de séparatiste et de destructeur de l'unité nationale. Disons donc quelques mots sur l'idée que nous avons du patriotisme et sur nos aspirations régionales.

Nous sommes né en Catalogne, et nous y avons toutes nos affections: nous sommes donc Catalan. La Catalogne fait partie de la péninsule, car elle est séparée de la France par la barrière des Pyrénées, et, pour cette raison, géographiquement parlant, la Catalogne doit être espagnole. En outre, les relations soutenues durant des siècles avec toutes les autres régions de l'Espagne ont créé des liens d'intérêt et d'affection réciproques tels, qu'il serait presque impossible de les rompre. L'industrie manufacturière catalane est presque la seule qui existe dans la nation ; elle a son marché naturel dans les contrées agricoles espagnoles, qui fournissent à leur tour la Catalogne de ce qu'elle ne produit pas, et utilisent son commerce pour écouler le trop-plein de leurs produits. L'affection qui unit les diverses régions espagnoles est si solide, la réciprocité des intérêts si forte, que ces sentiments n'ont jamais pu être diminués ou ébranlés, ni par les mesures émanées du pouvoir central dont les Catalans ont été les victimes, de même que quelques autres contrées espagnoles; ni par les rivalités passagères que la manie d'unifier au bénéfice du centre a réussi quelquefois à susciter entre ces régions.

Les Catalans sont donc, en général, aussi Espagnols que

les habitants des autres régions de l'Espagne, et ils le sont non-seulement par sentiment, mais encore par réflexion. Étant donné et notre situation géographique et nos antécédents historiques, nous ne pouvons être qu'Espagnols : telle est l'opinion de celui qui écrit ces lignes.

Quant à notre patriotisme catalan, personne n'a le droit d'en douter, car nous en avons donné des preuves dans toutes les occasions. Déjà, lors de la reconstitution de la patrie par l'expulsion des Maures, la Confédération catalano-aragonaise prit à cette œuvre une part aussi active que n'importe quel autre État de la péninsule. Notre Jacques I⁰ᵉ est une figure historique aussi grande que la plus grande de la Castille. D'autre part, si, lorsque l'union s'établit par le mariage d'Isabelle la Catholique et de Ferdinand d'Aragon, nous apportâmes les îles Baléares, Valence et d'autres terres et d'autres royaumes subjugués ou reconquis par nos armes, — lorsque les Maures reçurent le coup mortel à Grenade, les Aragonais-Catalans marchèrent à côté des Castillans, sous les drapeaux unis d'Aragon et de Castille.

Mais, quoique nous soyons aussi Espagnols que le reste de nos compatriotes, notre patriotisme ne nous aveugle pas, et il ne nous conseille pas de cacher que notre décadence fut aussi grande que l'avait été notre gloire. Nous croyons, au contraire, que notre devoir nous ordonne de dévoiler cette décadence dans toute son étendue, afin que, le mal étant bien connu, il soit possible d'y remédier. Nous sommes de ceux qui ne veulent pas céder au fanatisme, et, si une conduite funeste nous a réduits au misérable état dans lequel nous sommes plongés, nous croyons qu'un changement dans notre ligne de conduite peut encore nous relever.

Notre espoir se fonde sur ce que, en examinant attentivement les divers éléments qui composent notre pays, nous en trouvons encore beaucoup qui se sont conservés sains, quoique les malades et les gâtés aient réussi à s'imposer et à dominer.

Ces derniers ont tout intérêt à dissimuler et à cacher notre état, tandis que, de notre côté, il nous convient de le mettre à jour, sinon pour le guérir, du moins pour justifier les mesures que nous proposons afin de tenter la guérison.

Et plus les auteurs de notre mal s'efforçent de le celer, plus nous devons chercher à le rendre public. Tous les éléments officiels, toutes les coteries politiques qui se partagent comme un butin les restes du pays, ont un intérêt spécial à se présenter travestis aux yeux de l'Europe: ils veulent apparaître comme nos régénérateurs. Tous désirent être regardés comme les représentants d'une Espagne rajeunie et aspirent à prendre part au grand concert européen. Il est de notre intérêt de prouver qu'ils ne sont ni les représentants de l'Espagne, ni ses régénérateurs. Si notre pauvre pays ne peut pas se relever de l'abattement dans lequel il a été plongé par les mille causes combinées qui amenèrent notre décadence, la faute principale en est à ces exploiteurs.

Et ici nous devons constater que, s'il est une nation qui ait le droit de ne pas rougir de sa décadence, cette nation est bien la nôtre.

En effet, la chute de l'Espagne fut sa grande épopée, épopée que n'ont point encore chantée ses poëtes, quoique l'un d'eux, né en Catalogne et écrivant en catalan, l'ait aperçue et laissé entrevoir dans quelques pages de l'*Atlántida*.

Notre orgueil national ne doit se fonder ni sur l'expulsion des Maures, ni sur notre prépondérance éphémère dans la politique européenne; car toutes les nations comptent des pages aussi glorieuses dans leurs annales. Notre orgueil national doit se fonder précisément sur le fait qui détermina notre chute : sur la découverte, la conquête et l'assimilation de l'Amérique. Toutes les causes de notre décadence découlent de ce fait culminant dans l'histoire de la civilisation.

En patronnant l'idée prophétique de Christophe Colomb, l'Espagne se disposait à se sacrifier pour l'humanité. Grâce à notre énergie, de nouveaux continents furent découverts, et l'étendue des terres habitées fut doublée en un instant. Notre virilité et notre constance, jamais ébranlées, les conquirent pour la civilisation, et il existe aujourd'hui dans le nouveau monde une vingtaine de nations qui parlent la langue que l'Espagne leur enseigna, qui ont les mœurs et les coutumes que nous leur donnâmes, qui sont, en un mot, la chair de notre chair. L'Espagne se dépouilla de sa vie pour l'humanité et la civilisation, et elle demeura énervée et sans forces, comme une mère dont le sein se déchire pour donner le jour à un enfant trop robuste. Nous pouvons donc nous présenter devant le monde le front haut, quoique déchus. A ceux qui ne comprendraient pas que notre chute contient notre grande épopée, nous montrerons les nationalités qui remplissent l'Amérique du Sud et s'étendent jusqu'à celle du Nord; nous leur ferons remarquer les efforts d'énergie que ces peuples ont su faire pour consolider dans le nouveau monde, à travers des convulsions de près d'un siècle, l'organisation politique propre aux peuples jeunes et aux pays nouveaux et pour se mettre en mesure de réaliser dans l'avenir la synthèse entre l'individualisme saxon et l'autoritarisme latin; et nous exigerons le respect dû à une décadence qui reconnaît une telle origine et qui a été la cause de pareils effets.

Nous pouvons donc nous présenter devant le monde sans honte, et même avec un légitime orgueil, malgré notre misérable état actuel; d'autant plus qu'à côté du mal, nous présenterons le remède qui nous convient. L'Espagne, en effet, ne peut être guérie de ses maux par aucun des traitements usités; jusqu'ici ceux qui ont été employés n'ont fait qu'aggraver notre situation. Dans le courant de ce siècle, nous avons tout essayé, depuis l'absolutisme despotique jusqu'à la république licencieuse, et nous sommes toujours allés de mal en pire. C'est qu'aucun de ces traitements n'attaquait le mal dans ses racines; au contraire, ils lui servaient plutôt d'aliment. Seul le système régional, représenté par notre renaissance, peut être un principe d'amélioration.

C'est pourquoi nous le préconisons avec foi, quoique sans grand espoir; mais nous croyons indispensable de mettre la plaie à jour, car ce ne sera que lorsque nous serons convaincus de sa gravité que nous pourrons nous décider à lui appliquer le seul remède héroïque qui puisse la cicatriser.

II

Nous allons donc entrer en Espagne, et comme, pour ce que nous aurons à voir dans notre voyage, il nous est utile d'arriver promptement à Madrid, nous prendrons la voie la plus courte, qui est le chemin de fer du Nord. Mais, avant de quitter à Irun le train français pour prendre le train espagnol, il est bon que nous possédions quelques données générales sur le pays que nous allons parcourir.

L'Espagne péninsulaire, avec les îles Baléares et les Canaries, occupe une superficie de 507,000 kilomètres carrés, de sorte que, au point de vue de l'étendue territoriale, elle est la cinquième entre les nations européennes. Elle est à peu près de la même étendue que la France, qui ne la surpasse que de 21,000 kilomètres carrés. Des six grandes puissances, deux sont plus petites que l'Espagne : l'Angleterre n'atteint pas, en Europe, les deux tiers de notre étendue, et l'Italie en a un peu plus de la moitié.

Ce territoire, d'après le dernier recensement général fait en 1877, est occupé par 16,625,000 habitants, soit 32 habitants par kilomètre carré. Par le chiffre absolu de ses habitants, l'Espagne occupe le septième rang parmi les nations de l'Europe ; elle est devancée par la Grande-Bretagne et l'Italie. Enfin, par le nombre de ses habitants proportionnellement à l'étendue de son territoire, elle recule encore et n'occupe plus que le treizième rang. Le mouvement postérieur au recensement officiel ne peut pas être apprécié avec exactitude, mais il ne semble pas que la population augmente d'une manière importante. On peut évaluer la population actuelle de l'Espagne de 16,500,000 à 17,500,000 habitants.

Cette population est très-inégalement distribuée dans la péninsule ; car, tandis que la province de Barcelone a une densité de 108 habitants par kilomètre carré (comme l'Angleterre), les provinces centrales, comme Albacete, Cáceres, Cuenca, Guadalajara et Soria, n'atteignent pas le chiffre de 15 habitants par kilomètre carré, de sorte que la densité de ces provinces est pareille à celle de la Russie. Et qu'on n'aille pas croire que la densité de la province de Barcelone soit due à la nombreuse population que renferme la capitale de la Catalogne ; car la province de Madrid, qui a la même superficie et renferme la capitale de la nation, presque deux fois aussi peuplée que Barcelone ; la province de Madrid, disons-nous, ne possède que 76 habitants par kilomètre carré !

Cette inégalité dans la distribution des habitants de l'Espagne entre ses diverses régions est une des causes qui ont le plus contribué à faire naître le malaise que toutes ces régions éprouvent actuellement.

Les provinces centrales n'ont pas assez de bras pour cultiver leurs terres, même d'une manière rudimentaire, et elles se trouvent forcément réduites à n'être qu'agricoles. Par contre, dans les provinces de Barcelone, de Guipúzcoa, dans la région basque et dans quelques autres, la terre ne suffit pas à la subsistance des habitants, et les bras qui ne peuvent pas être employés à l'agriculture se tournent vers l'industrie. Madrid se trouvant enclavé au milieu de la partie la plus pauvre et la moins peuplée de la péninsule, ses habitants, après s'être emparés de la politique pour la détourner à leur seul avantage, se sont faits les champions de la misère et de l'ignorance qui les environnent, si bien que les provinces relativement riches et industrielles n'exercent aucune influence dans le gouvernement de l'État. L'industrie, la navigation, le haut commerce, sont choses de peu d'importance pour nos gouvernants; comme ils sont influencés par les préjugés et les passions que les pauvres ressentent toujours contre ceux qui le sont moins qu'eux, au lieu d'employer les forces de l'État à la protection de ces sources de production et de richesse, ils les dédaignent et, loin de chercher à étendre ces biens à toute la nation, ils regardent avec envie ceux qui les possèdent.

Toutes ces données générales sont bien tristes pour le pays; mais celles qui vont suivre sont véritablement désolantes.

Il n'y a que deux choses pour lesquelles l'Espagne marche à la tête des nations européennes, et ces deux choses sont: sa dette publique et le nombre de ses officiers généraux.

Le budget de 1883 à 1884 contenait l'énorme somme de 274 millions de pesetas pour le payement des intérêts de la dette. Le capital ne peut pas être fixé, à cause des variations continuelles qu'il éprouve. La dernière de ces variations fut la conversion, qui eut lieu en 1881, par suite de laquelle le capital diminua en raison de l'augmentation du taux de l'intérêt de 3 à 4 1/2 pour cent, mesure qui fut prise au détriment des contribuables; car, depuis lors, ceux-ci sont obligés de payer une somme plus considérable aux porteurs de papier pour leurs intérêts. Mais, si le chiffre du capital ne peut être fixé, on peut du moins assurer que, de 1865 à 1879, il s'est élevé de moins de 5 milliards de pesetas à plus de 10 milliards, et qu'aujourd'hui la dette publique de notre nation, pauvre et mal gouvernée, est supérieure à celle de grandes puissances telles que les États-Unis, l'Allemagne, l'Autriche-Hongrie et l'Italie, et qu'elle représente un peu moins des deux tiers de la dette publique de la Grande-Bretagne, qui est cinquante fois plus riche que nous.

Un résumé de l'augmentation de notre dette sera la preuve la plus éclatante de notre mauvaise administration. La voici en chiffres ronds :

Les intérêts de la dette s'élevaient dans les budgets :

En 1845, à pesetas...........	27 millions.
1853 »	61	»
1861 »	101	»
1873 »	238	»
1883 »	273	»

Tel est le chiffre énorme et écrasant qui, en augmentant encore tous les jours, nous donne le privilége peu enviable de marcher à la tête des nations les plus endettées.

Il en est de même avec les officiers généraux qu'on nous oblige à entretenir, uniquement pour ne pas perdre l'habitude des *pronunciamientos*, cette chose éminemment espagnole, dont le nom ne peut être traduit dans aucune autre langue.

Voici le tableau de ces officiers généraux, pour l'armée de terre seulement :

Capitaines généraux (maréchaux) effectif........	7
Lieutenants généraux (généraux de division).....	76
Maréchaux de camp —	111
Brigadiers (généraux de brigade)......	281
Officiers généraux de la suite du roi....	6
Total des officiers généraux....	481

Ces chiffres, comme ceux de la dette publique, augmentent encore tous les ans, et chaque nouvelle organisation militaire est une perte pour le pays. L'armée de la péninsule ne dépasse jamais le chiffre réel de 70,000 hommes en service actif, et cependant nous avons plus de généraux que la France et que l'Angleterre, deux fois plus que l'Italie, presque le double de l'Allemagne. L'Autriche-Hongrie, qui est après nous la nation possédant le plus de généraux, n'en a pas la moitié autant, relativement. Nous avons en Espagne 36 généraux par million d'habitants, tandis que l'Autriche n'en compte que 17.

Par contre, du premier rang que nous occupons au point de vue de la dette et des officiers généraux, nous descendons presque au dernier rang sous le rapport des chemins de fer.

Il n'y a présentement en exploitation que 8,200 kilomètres environ, dont la majeure partie ne rend que des services assez rudimentaires, comme nous le verrons plus loin.

Terminons ces données générales par une observation importante au point de vue où nous nous plaçons dans le présent travail. Les exploiteurs de la politique espagnole cherchent à faire croire que notre nation est peuplée par une race uniforme, et rien n'est plus éloigné de la vérité que cette assertion, comme le démontre le tableau suivant.

Parmi les 16 millions et demi d'habitants, on compte :

Basques-Navarrais,	environ			800,000
Catalans.....	en Catalogne, »	1,750,000		
	Iles Baléares, »	290,000	3,410,000	
	Valence et Alicante, »	1,370,000		
Galiciens et Asturiens,	»			2,400,000

Soit environ 6 millions et demi d'Espagnols qui appartiennent à des races, variétés ou groupes, complétement distincts de celui qui prédomine, qui ont des mœurs différentes et ne parlent pas même, en général, la même langue.

Remarquons aussi, afin d'accentuer cette observation, que la langue catalane, — qui n'a avec la castillane d'autres points de contact que ceux qui résultent de la communauté de leur origine latine, comme il arrive pour le français, l'italien et les autres langues sœurs, — est parlée sur le littoral méditerranéen sur une étendue de plus de 600 kilomètres, à partir de la frontière française jusqu'au cap de Palos, et cela, sans compter les îles Baléares.

De même, les langues galicienne et asturienne ou *bable*, qui ont plus d'analogie avec le portugais qu'avec le castillan, dominent l'étendue des côtes que nous possédons sur l'Atlantique, du côté du nord ; domination que ces langues partagent avec l'idiome primitif des Basques, qui règne sur les côtes de cette partie de l'Océan que nous appelons mer Cantabrique : de sorte que la langue castillane occupe une bien moindre étendue de littoral que les langues des autres régions de l'Espagne.

Ce que nous venons d'exposer suffira, à notre avis, pour donner une idée générale du pays que nous allons parcourir.

Examinons tout d'abord les particularités caractéristiques de notre pays. A peine entré dans le train espagnol, nous en constaterons quelques-unes qui attireront certainement l'attention de nos lecteurs.

III

C'est à Irun que nous quittons le train français pour prendre le train espagnol, opération indispensable, même pour les trains express ou rapides, attendu que la voie espagnole n'a pas la même largeur que la voie française, qui, elle, est égale à la voie normale adoptée par toutes les nations de l'Europe, la Russie exceptée[1].

Nos gouvernants ont cru sans doute que les voies ordinaires étaient trop étroites pour leur grandeur, et, plus forts que ceux des autres pays, ils ont élargi les nôtres de 35 centimètres, d'accord en cela avec nos braves militaires de salon, qui, par ce moyen, s'imaginèrent préserver notre pays de toute invasion étrangère. A la vérité, depuis la construction de la première voie ferrée, nous n'avons pas été envahis ; mais, par contre, la différence de largeur n'a produit que des difficultés pour le trafic et des incommodités pour les voyageurs ; et l'on ne peut jamais espérer apporter un remède à ce mal, car tout le réseau construit et tout le matériel roulant s'accordent avec la largeur donnée.

[1] La largeur des voies ferrées espagnoles est de 1 mètre 80, et la largeur normale adoptée par les autres nations, de 1 mètre 445.

Nous voici donc, filant vers la capitale, sur le meilleur chemin de fer de l'Espagne, qui appartient à la compagnie la plus riche et la plus puissante de notre pays. Nous avons choisi le train le plus rapide, qui nous conduira avec une vitesse de 35 kilomètres à l'heure, soit la moitié de celle des trains rapides de l'Europe centrale, et en s'arrêtant dans plus de cinquante stations sur un parcours de 631 kilomètres, ce qui fait un arrêt chaque 12 kilomètres. Si la meilleure ligne de l'Espagne, appartenant à une compagnie qui possède un réseau de deux mille kilomètres à peu près et dont la direction réside *de fait* à Paris, fait son service d'une manière aussi rudimentaire, on peut juger des services que rendent les autres lignes plus pauvres. Pour en donner une idée, il nous suffira de constater qu'entre Barcelone, Lérida, Saragosse et Madrid, il ne circule qu'un train de voyageurs par jour, avec une rapidité de 30 kilomètres à l'heure, et deux trains par semaine, que l'on nomme *express*, à 35 kilomètres à l'heure.

Nous avons dit que la direction de la Compagnie du chemin de fer du Nord réside de fait à Paris, et il en est de même pour beaucoup d'autres sociétés commerciales, industrielles et de chemins de fer ; et cela se comprend, car une grande partie de nos voies ferrées a été construite avec des capitaux étrangers, ou, du moins, les capitalistes étrangers s'en sont emparés à la suite d'opérations de Bourse. Nos meilleures mines, telles que celles de Rio-Tinto, d'Almaden, et la plupart de celles de Bilbao, Huelva, etc., se trouvent entre des mains étrangères. La navigation elle-même ne fait pas exception à cette triste règle : beaucoup de bateaux à vapeur inscrits sur les registres de notre marine appartiennent à des sociétés étrangères, qui en retirent tout le profit.

Dans ces conditions, on peut juger quelle doit être la situation du commerce et de l'industrie du pays vis-à-vis de semblables compagnies. Lorsqu'on expédie de petits colis par chemin de fer, on est presque sûr que, s'ils parviennent à leurs destinataires, ce n'est pas sans avoir été détériorés ou entamés, surtout s'ils contiennent des objets de nature à exciter la convoitise. Les tarifs de transport sont en général excessifs. Telle marchandise arrive d'Amérique à un port espagnol quelconque à moins de frais que ceux qu'occasionne le transport de cette même marchandise sur un parcours de 50 kilomètres à l'intérieur.

Cet état de choses, nous le savons, étonnera considérablement les lecteurs qui ont la fortune d'être habitués à tout autre chose dans leur pays. En Espagne, toutes les compagnies de chemin de fer ont eu soin d'introduire dans leurs conseils d'administration, en leur attribuant de très-gros émoluments, les principaux hommes politiques de tous les partis ; de sorte que, quelle que soit la forme du gouvernement et quel que soit le parti politique qui exerce le pouvoir, ces compagnies sont toujours sûres d'avoir un ou plusieurs de leurs salariés au ministère. Aussi, dans leurs contestations avec les particuliers, elles ont toujours raison, et chaque chef de gare ou conducteur de train peut se dire, comme le capitaine marin sur son navire, maître absolu après Dieu dans son pachalik, mobile ou fixe. Après ce que nous venons de dire, on comprendra fort bien que les capacités ou connaissances spéciales ne sont nullement nécessaires à nos politiciens pour être directeurs ou conseillers de compagnies de chemin de fer ou autres ; il suffit qu'ils aient des probabilités de devenir ministres, et on ne leur demande jamais le moindre travail. Ainsi M. Cánovas del Castillo, président actuel du Conseil des ministres, est directeur de quatre ou cinq grandes compagnies, et touche, à ce titre, de magnifiques gratifications annuelles, quoique, au fond, il connaisse les chemins de fer et leur administration comme il connaît les volcans de la lune du côté opposé à la terre.

Une anecdote amusante et parfaitement authentique, d'ailleurs, donnera une idée de la manière dont se font ces choses dans notre bienheureux pays. Lorsque M. R. R., ministre de l'intérieur, n'était pas encore devenu millionnaire, il se trouva un jour vivement sollicité en pleine salle des pas-perdus pour qu'il mît en jeu son influence en faveur d'une affaire de tramways. Pour se débarrasser de son solliciteur, le ministre lui déclara qu'il n'entendait rien à ces affaires et qu'il ne pouvait s'en occuper.

— Comment ! — lui répliqua son interlocuteur, qui était encore un peu plus effronté que lui, — vous êtes employé d'une compagnie de tramways, et vous dites n'entendre rien à ce affaires !

— Moi, employé d'une compagnie de tramways ! répondit le ministre, au comble de la surprise.

— Certainement, Monsieur ; la somme que la maison X. vous fait parvenir si exactement tous les mois est portée sur le compte du tramway exploité par cette maison.

Le ministre ignorait que le cadeau qu'il recevait tous les mois avec tant de nonchalance et d'abandon l'avait converti, à son insu, en employé *in partibus* et protecteur latent d'une compagnie de tramways.

Et cependant ces hommes politiques qui, sans fortune et sans exercer de profession, mènent un grand train dans une capitale où la vie est des plus chères ; ces hommes, disons-nous, repoussent fièrement et avec dédain toute idée d'émargement au budget en qualité de sénateurs ou de députés. Ces deux charges sont absolument gratuites en Espagne, et nos législateurs des deux Chambres n'ont pas même des billets de libre circulation sur les chemins de fer. Ce don-quichottisme suffit pour expliquer bien des anomalies de notre état politique.

Laissons maintenant cette digression trop longue, mais que nous ne croyons pas inutile, puisqu'elle a fait connaître à nos lecteurs quelques traits caractéristiques de notre pays, qui nous serviront plus tard, et reprenons notre voyage.

Toutes réserves faites au sujet du service des chemins de fer et de quelques manifestations de la vie officielle, l'étranger qui entre en Espagne est agréablement surpris à la vue du pays qu'il traverse, et son impression est qu'il n'a rien perdu en quittant le territoire français. S'il s'est arrêté à Irun, il a pu contempler une petite ville en possession de tous les éléments de civilisation et de progrès, quoique sa population ne dépasse pas sept mille habitants.

Depuis plusieurs années déjà, elle est entièrement éclairée à l'électricité ; elle a été sans doute une des premières villes d'Europe à adopter ce système d'éclairage. Ses établissements municipaux de bienfaisance, d'instruction et même de récréation, sont dignes d'une ville bien plus considérable. Lorsque le train a quitté Irun, on a juste le temps de jeter en passant un coup d'œil sur quelques petites stations de bains de mer, que l'on est arrivé à Saint-Sébastien, la ville la plus coquette de l'Espagne, et dont la baie superbe est en été le rendez-vous des baigneurs du monde élégant espagnol. Ses larges rues, de récente construction, et ses belles promenades, sont aussi éclairées à la lumière électrique; et, quoique sa population ne dépasse guère vingt-deux mille habitants, elle possède des édifices publics dignes d'une grande ville, tels que théâtres, cirque de taureaux, — très-fréquenté par les amateurs étrangers durant la saison, — un monumental jeu de paume, le jeu favori du pays, et d'autres encore. Ses hôtels et ses restaurants sont propres et bien tenus; on y trouve un grand nombre de pensions bourgeoises aussi élégantes que confortables. La propreté est, d'ailleurs, une qualité commune à tout le pays basque.

En quittant la capitale du Guipuzcoa, le train, traversant toujours une contrée dont les plaines sont soigneusement cultivées et les montagnes boisées jusqu'à leur sommet, nous promène entre de nombreux petits villages, de grandes maisons de campagne et des fermes parsemées çà et là.

Tolosa, où l'on arrive bientôt, est remarquable par son industrie, moins importante en production que l'industrie catalane, mais cependant prospère et florissante. Elle produit en papeterie, par exemple, de quoi suffire presque aux besoins de la capitale de la nation. Cette contrée est sillonnée de nombreuses routes bien entretenues; et, dans presque toutes les gares, on trouve un grand nombre de voitures confortables, — ne ressemblant en rien au type légendaire de la voiture espagnole, — qui attendent les voyageurs pour les conduire aux nombreux établissements de bains de l'intérieur du pays.

Ce spectacle se prolonge jusqu'à Vitoria, ville presque aussi coquette, aussi bien tenue que Saint-Sébastien, et qui est la capitale de l'Alava, une des trois provinces basques.

Mais, peu après avoir quitté Vitoria, le décor change subitement. Les arbres disparaissent presque entièrement et les montagnes se présentent sèches et dénudées. La terre est jaune; les villages aussi jaunes que la terre. On ne trouve plus de voitures confortables dans les gares; les routes carrossables deviennent rares et mal entretenues. C'est que l'on est sorti des provinces basques pour entrer dans la Vieille-Castille: on est en pleine Espagne.

Et, chose digne de remarque, le territoire basque, véritable oasis en sortant des steppes de la Castille, est une des portions du sol espagnol les moins favorisées de la nature.

Le terrain est partout accidenté et inégal ; ses productions ne sont pas riches comme dans beaucoup d'autres provinces, exception faite des produits du sous-sol (les mines). Le bien-être relatif, l'air de civilisation et de progrès qu'on y respire, ne sont pas dus à des avantages naturels, mais à l'esprit d'ordre et à l'ardeur au travail de ses habitants.

Et cependant, — chose plus curieuse encore, pour les politiciens de Madrid et pour ceux des pays qui leur servent d'écho, — le pays basque est une tache dans l'Espagne ; ses habitants sont dépeints comme les plus arriérés de toute la nation et les plus réfractaires aux idées modernes.

C'est que le pays basque n'est pas encore uniformisé avec le reste de l'Espagne ; il est, pour ce motif, le plus réfractaire aux idées et aux désirs uniformistes de Madrid. Les Basques possédaient leurs *fueros* et une administration presque autonome ; ils les ont défendus avec une énergie dont l'histoire offre peu d'exemples. Durant les deux guerres civiles contemporaines, ils ont mis sur pied de guerre presque le dixième de leur population totale, et, pendant des années entières, ils ont tenu tête aux forces réunies de la nation.

Nous ne cherchons pas à justifier cette conduite, et nous regrettons que ces belles contrées soient devenues le boulevard de l'absolutisme durant ces deux guerres ; mais il ne faut pas oublier la situation dans laquelle elles se sont trouvées. Le caractère dominateur et absorbant des Castillans, épris dans les derniers temps des idées et des principes d'uniformisation de la France, mais incapables de leur donner quelque application pratique, ne pouvait tolérer la plus petite manifestation de la vie locale. Dans le système parlementaire, il ne voyait qu'un moyen de s'imposer, puisque, ne pouvant arriver à l'uniformisation en s'élevant au niveau de certaines contrées mieux régies, il les obligerait à descendre jusqu'à lui. Les Basques comprirent bientôt que la situation qu'on leur faisait était insoutenable, et leur esprit viril ne voulut pas céder sans combattre.

Comme tous les partis constitutionnels étaient centralisateurs à outrance, ils crurent que la menace leur venait du constitutionnalisme, et, oubliant que le caractère castillan s'était toujours montré dominateur et absorbant, même au temps de l'absolutisme, ils se déclarèrent les champions de ce dernier système, en opposition au système constitutionnel.

Ce serait, cependant, une erreur de supposer que les Basques sont plus fanatiques en religion et moins éclairés que les autres races qui peuplent l'Espagne. Les Andalous, les Aragonais, les Valenciens, la plupart des Castillans et les montagnards de la Catalogne, sont au moins aussi fanatiques que les Basques, et, par contre, ceux-ci sont bien plus éclairés que les autres habitants de l'Espagne, en général. L'instruction publique élémentaire est beaucoup plus répandue dans leurs provinces que dans les autres, et la proportion de ceux qui savent lire et écrire y est bien plus élevée. A Bilbao, à Saint-Sébastien, à Vitoria, les écoles primaires possèdent des bâtiments construits exprès, et sont installées avec un confort qu'on chercherait vainement ailleurs. Les lycées, l'école des arts et métiers de Bilbao, la prison cellulaire de Vitoria, — qui fut pendant longtemps l'unique de l'Espagne, — et une foule d'autres institutions d'utilité publique, prouvent la supériorité du pays basque sur la plupart des autres régions de la péninsule, supériorité qui se révèle au premier abord par la tenue et par l'attitude des habitants.

Cette opinion sur le pays basque n'est point particulière à l'auteur de ces lignes ; elle est commune à toutes les personnes éclairées qui ont visité ce pays. Humboldt, qui y séjourna pour étudier la langue basque, en sortit enchanté ; Victor Hugo l'appelle « une terre bénie. » Déjà Rousseau avait dit de l'arbre de Guernica, qui symbolise les libertés basques, que c'était « le premier, le plus ancien, le père des arbres de la liberté. »

Nous insistons sur ces particularités de la région basque, parce que la part qu'elle a prise à nos deux dernières guerres civiles a exercé une grande influence sur le développement fatal de la politique madrilène contemporaine.

Aucun de ceux qui connaissent notre histoire ne sera étonné si nous lui disons qu'il existe en Espagne une passion vraiment populaire et nationale : la haine de l'absolutisme. L'alliance de ce système de gouvernement avec l'intolérance religieuse, dont il se fit le champion contre toute expansion de liberté, nous mit en guerre avec toute l'Europe et nous laissa dans un tel état de faiblesse et d'exténuation, que le pays en arriva à être presque dépeuplé. A l'époque la plus funeste de l'absolutisme, il n'y avait peut-être pas six millions d'habitants dans toute l'Espagne. Le dernier monarque absolu, Ferdinand VII, en plein dix-neuvième siècle, porta la réaction à un degré de férocité sans exemple.

Dans quelques nations de l'Europe, le pouvoir absolu des rois, malgré ses graves inconvénients, a été souvent d'une grande utilité pour l'avancement des peuples. En Espagne, absolutisme est synonyme de pauvreté, de misère, de férocité, de fanatisme, d'ignorance et de dégradation. Comme ce régime avait des racines profondes dans le pays, la lutte a été acharnée et de longue durée. Après sa chute, il a pu allumer encore deux grandes guerres civiles, sans compter les diverses tentatives et les soulèvements moins importants, et l'on prévoit qu'il peut encore en produire à l'avenir. Le représentant actuel de l'absolutisme, don Carlos, est encore à la tête d'un parti puissant, qui guette patiemment l'occasion et conspire pour nous porter de nouveaux coups.

Les politiciens centralistes ont su très-bien exploiter à leur profit ce sentiment populaire de haine pour l'absolutisme. Toute idée, tout principe qui les gêne ou embarrasse leurs plans, sont qualifiés de machinations carlistes. Dans leurs discours, ils font l'éloge de leur parlementarisme, qui, selon eux, doit faire notre bonheur et nous délivrer pour toujours de l'absolutisme; au nom de la liberté et quelquefois, — selon la mode, —de la démocratie, ils nous ont dépouillés de toutes les libertés, de tous les droits réellement démocratiques, dont quelques régions avaient pu conserver des restes. Tout esprit de régionalisme, toute tendance au développement ou à la conservation de la vie locale, sont pour les politiques madrilènes des menées absolutistes qui doivent être énergiquement réprimées. On a supprimé les *fueros* de la région basque avec le peu qu'il en restait à la région navarraise, qui les gardait soigneusement.

Au nom des idées modernes, on nous oblige à parler, à agir en toute question à la mode castillane; et tout ce qui rompait la monotonie des provinces les plus pauvres, les plus arriérées de l'Espagne, est détruit et anéanti. La suppression des *fueros* a été imposée aux Basques et aux Navarrais, comme châtiment pour la part qu'ils ont prise à la guerre civile ; on arrache aux Catalans leur législation civile et on menace leur industrie, parce que leur esprit inquiet et réfractaire à la sujétion entrave la marche du parlementarisme.

Les politiciens de Madrid trouvent toujours des attaches carlistes à tous ceux qui, en Catalogne et dans les autres régions réfractaires à la centralisation, n'obéissent pas aveuglément aux chefs des partis de la capitale. Qu'ils soient libéraux, républicains même, pour eux ce sont toujours des amis de l'absolutisme, et ils les traitent comme tels.

Et cependant ces mêmes politiciens, qui ont si bien su détourner à leur profit la haine populaire et nationale contre le carlisme, et s'en sont servis pour la destruction et pour la mort de toutes les institutions libérales et démocratiques incarnées dans la conscience publique de la plupart des régions de l'Espagne ; ces politiciens, disons-nous, sont peut-être les seuls Espagnols qui ne ressentent aucune haine contre l'absolutisme ou, du moins, contre ses défenseurs. Les grands délits, les grands crimes de droit commun commis pendant la guerre civile par les forces irrégulières insurgées, n'ont jamais été punis ; on n'en a pas même poursuivi les auteurs. Au contraire, les chefs et officiers les plus sanguinaires ont été largement récompensés de leurs méfaits, par la concession de beaux grades dans l'armée régulière ou de hautes positions dans l'administration. Ainsi il n'est pas rare de voir en Espagne des colonels et même des généraux qui sont sortis du milieu des civils, et ont été admis dans l'armée régulière après s'être affublés eux-mêmes de ces hauts grades en commandant des bandes de maraudeurs, qui, sous le drapeau carliste, exploitaient le pays durant la guerre. On peut juger par ces exemples du degré de démoralisation et d'abjection auquel est arrivée notre politique.

Mais reprenons notre voyage, que nous avons suspendu au moment de quitter les provinces basques et d'entrer en pleine Espagne. Le chemin, comme nous l'avons dit, devient monotone, et nous voilà traversant un désert de terre jaunâtre, sans arbres, limité par des collines et par des montagnes de la même couleur, aussi déboisées que la plaine ; désert interrompu seulement de temps en temps par les rives fertiles des fleuves ou à l'approche de quelques rares grandes villes.

Enfin nous arrivons à Madrid, placé juste au centre de ces steppes et dans la partie la plus jaune et la plus misérable. Si nous avions eu le temps, nous aurions pu nous arrêter, par exemple, à Burgos, ville dont toute la vie actuelle se concentre dans sa cathédrale gothique et dans quelques autres monuments du moyen âge aussi remarquables que mal entretenus. Burgos peut passer pour le type des villes provinciales, telles que les désirent les directeurs de la politique madrilène. Nous pourrions aussi nous arrêter à Valladolid, capitale de la Vieille-Castille, et qui, malgré sa bonne situation commerciale, prouve avec éloquence que la race dominatrice a été la victime de son système fatal d'absorption, non moins et bien plus encore que les régions auxquelles elle a voulu l'imposer. Nous pourrions aussi consacrer quelques heures à Medina et à Avila, deux villes mortes, qui, de leur ancienne grandeur, ne conservent que le souvenir avec leur dédain pour la vie active. Un arrêt à l'Escurial nous serait peut-être de quelque utilité ; car nous pourrions lire les causes de notre chute et de la décadence qui dure encore, dans la masse sombre et écrasante du monastère de Philippe II. Mais cette visite nous mènerait à de trop profondes méditations, et nous n'avons pas pris la plume pour philosopher. Entrons donc à Madrid et plaçons-nous d'un bond en pleine *Puerta del Sol*.

IV

Madrid est une ville tout à fait originale. La population s'accroît rapidement. Lors du recensement de 1860, elle n'atteignait pas 300,000 habitants ; en 1877, elle s'élevait à 397,000, et aujourd'hui elle dépasse le demi-million. Et cependant, cette ville, en apparence si prospère et si florissante, ne possède presque aucun élément de production. L'industrie y est presque nulle, et le commerce y est limité aux besoins de la consommation locale. La plus importante branche de son industrie est l'imprimerie et quelques-unes de ses annexes ; mais les éditeurs de Madrid ne peuvent pas soutenir la concurrence de ceux de Paris, Leipzig et New-York pour l'exportation en Amérique, qui est le principal débouché de la librairie espagnole. Madrid ne possède donc point de classe ouvrière proprement dite. Lorsque les politiciens éprouvent le besoin d'en exhiber une, dans quelque but particulier, ils ont recours à quelques centaines de typographes et d'ouvriers en bâtiment.

Madrid, sans commerce et sans industrie de quelque importance, n'est pas non plus une ville agricole ; elle est située au beau milieu d'un véritable désert. S'il est vrai qu'en 1877 la ville comptait, en chiffres ronds, 400 mille habitants, il est très-certain aussi que toute ! province n'arrivait pas à 600,000 ; de sorte que, sans l'énorme appoint fourni par la capitale, chacun des 7,762 kilomètres carrés de cette province ne renfermerait pas même 25 habitants. Ainsi, de quelque côté que l'on aborde Madrid, rien n'annonce au voyageur la proximité d'une grande ville. Dans ses environs, et au delà de ses faubourgs, on ne voit ni villas, ni métairies, ni usines, ni établissements industriels ou agricoles. La capitale de l'Espagne est environnée de tous côtés par cette terre jaunâtre, sèche, aride et déboisée, dont nous parlions précédemment, et, si quelques rares villages se montrent de ci de là à travers cette campagne désolée, ils sont aussi jaunâtres et misérables que le sol qui les nourrit. Quelques instants avant de pénétrer dans la capitale de toutes les Espagnes, on se croirait à une distance énorme de tout centre important de population.

Le voyageur qui débarque à Madrid sous cette triste impression est frappé du contraste qu'offre la ville avec la campagne environnante. Son aspect vif, animé, éclatant même au centre et dans les promenades, dispose favorablement le nouvel arrivant. Les allées du Prado, de Recoletos et de la Fuente Castellana, qui sont le *bois de Boulogne* de Madrid, regorgent chaque jour de voitures et d'équipages de luxe, dont les longues files se déploient sur une étendue de plusieurs kilomètres. Les rues principales, qui aboutissent à la Puerta del Sol fourmillent de flâneurs qui, par leur démarche nonchalante, montrent bien qu'ils ne vont pas à leurs affaires. Au premier coup d'œil, on voit que Madrid est une ville de désœuvrés.

Une autre originalité de Madrid, c'est que la vie et l'ani-

mation s'y développent à l'heure où elles prennent généralement fin dans les autres villes. Le Madrid officiel, le véritable
Madrid, s'éveille et commence à déployer son activité deux
heures après que le gaz a remplacé le soleil. Pour aborder un
personnage et le trouver de belle humeur, le moment le plus
favorable est entre une heure et deux heures du matin. A ces
heures avancées, les ministères sont ouverts ; tous les hauts
fonctionnaires reçoivent dans leurs bureaux, où l'on passe le
temps à fumer, bavarder, médire, tramer des complots et des
conjurations. Les cercles politiques sont alors en pleine activité. On se souvient encore que, lorsque M. Stanislas Figueras
occupa la présidence de la république, comme il avait l'habitude de se lever à cinq heures du matin et d'aller au ministère, les Madrilènes, indignés de ce bouleversement des saines
pratiques, s'écrièrent que, si le président s'était proposé de
les obliger à se lever de bonne heure, il se trompait fort, et
qu'il ne parviendrait en tout cas qu'à les faire coucher un peu
plus tard. Et, en effet, bon nombre de politiciens se donnèrent
dès lors le malin plaisir d'aller souhaiter le bonjour à M. le Président de la république avant d'aller se coucher.

Lorsqu'une ville d'un demi-million d'habitants vit dans le
luxe et l'éclat, sans agriculture, sans grande industrie et avec
un commerce réduit aux seuls besoins de la localité, cette ville
doit posséder des ressources spéciales, desquelles elle tire ses
moyens de subsistance. Madrid, en effet, a une ressource spéciale : Madrid vit de la politique, grâce à laquelle il consomme
une grande partie du budget de la nation.

Entrez dans un cercle aristocratique, et vous n'y trouverez
que des gens qui, d'une manière plus ou moins directe, vivent
de la politique. Celui-ci perçoit la retraite d'ancien ministre ;
car, dans la pauvre et maigre Espagne, celui qui a été ministre
un seul instant acquiert le droit à une pension à vie, et, à quelques époques récentes de notre histoire, on a changé chaque
mois le cabinet. Celui-là est directeur général ou haut employé
de quelque ministère, dont il ne visite jamais les bureaux. Cet
autre est l'un des cinq cents officiers généraux, dont la majeure partie habite la capitale ; et si, par hasard, quelqu'un des
assistants ne vit pas directement de la politique et consomme
à Madrid le revenu de ses terres, afin de ne pas être une note

discordante dans le concert général, il occupe ses loisirs en se mêlant d'affaires financières avec l'État. Quand le cercle est moins aristocratique, le nombre varie, mais les moyens d'existence sont les mêmes. Ce sont des employés de trois à cinq mille francs par an, en activité ou en retraite, ou bien des aspirants qui attendent la rentrée de leur parti au pouvoir. Même dans les cercles d'opposition, où se réunissent les ennemis les plus archarnés du gouvernement et des institutions, ceux qui passent leur temps à machiner perpétuellement des complots trouvent encore le moyen d'émarger, soit au budget national, soit au budget provincial ou municipal, soit encore à quelqu'une des grandes compagnies qui puisent leur vie dans le gouvernement. Nous avons dit qu'à Madrid il n'y a pas de véritable classe ouvrière; il n'y a pas non plus de véritable bourgeoisie. Les bourgeois qui vivent de leur métier, de leur commerce ou de leur industrie, sont étouffés dans toutes les manifestations de la vie sociale par la bourgeoisie officielle, qui les écrase par le nombre et par l'influence.

Mais les traitements et les pensions perçus directement ne suffiraient pas à eux seuls pour entretenir la vie dispendieuse et brillante de la capitale; aussi les viveurs politiques ont-ils inventé une autre source féconde de revenus. Cette source, c'est le *tripotage*. Grâce à lui, le fonctionnaire qui ne touche que trois mille francs par an en dépense cinq ou six mille pour son seul logement. A l'aide du tripotage, la femme de l'employé qui perçoit un traitement de quatre ou cinq mille francs se présente à l'Opéra couverte d'or et de pierreries, et occupe une loge dont l'abonnement suppose une dépense de trois ou quatre fois le montant de sa pension. Les sommes d'argent que Madrid tire du tripotage sont incalculables. La solution de toutes les affaires du pays est centralisée dans la capitale, et bien rare est l'affaire qui se traite gratuitement. Celui qui attend la solution d'une affaire doit commencer par graisser la patte à l'employé inférieur qui doit en poser le dossier sur le bureau de son supérieur. Après cela, le solliciteur fait une visite à celui qui doit terminer l'affaire, et l'on arrange le tripotage. Le pot-de-vin est fixé, naturellement, d'après l'importance de l'affaire. Souvent il acquiert des proportions énormes, et il ne manque pas de nombreux exemples de gens qui sont devenus riches au moyen d'un seul tripotage. Le tripotage est donc sans contredit la plus importante des sources de la vie et de la splendeur de Madrid.

Après tout ce que nous venons de dire, on s'imaginera facilement l'état dans lequel doit se trouver la politique. Considérée uniquement comme moyen d'existence par la capitale et comme moyen de parvenir par ceux qui la dirigent, la politique espagnole est subdivisée à l'infini. Il y a des partis, des fractions et des coteries pour tous les goûts, même pour les plus difficiles.

En observant les partis et les hommes politiques madrilènes, on remarque qu'ils présentent deux faces parfaitement distinctes. Leur face apparente, celle qu'ils présentent au public et aux peuples étrangers, est un composé de légèreté et de prétentions scientifiques qui ne manque pas d'un certain attrait. Chaque parti ou coterie se groupe autour d'une bannière sur laquelle sont écrits quelques principes généraux, que chaque individu jure de défendre jusqu'à la mort, comme le faisaient les anciens hidalgos des comédies castillanes! Ah! qu'ils sont pointilleux et intraitables, nos politiciens, lorsqu'il s'agit de faire la moindre concession publique sur quelque point de leur programme! La recherche de la *formule* devient dès lors une œuvre de géants. Il faut ménager la dignité, les scrupules de conscience, l'amour-propre, le point d'honneur de ces hommes intègres qui, comme l'hermine, ne sauraient voir sans mourir la plus légère tache sur leur fourrure. Et les badauds d'admirer. Voilà pour la face apparente. Quant à la face réelle, c'est tout autre chose. Les chefs de parti ou de coterie se moquent des principes, des bannières, des programmes, et penchent toujours du côté où ils entrevoient la satisfaction de leurs convoitises. Spéculant sur l'ignorance publique et comptant sur l'indifférence générale, ils ne se préoccupent que de rester toujours debout en sauvant les formes. Tous les hommes politiques de Madrid, *presque* sans exception, sont des preuves vivantes de ce que nous avançons. Cánovas, par exemple, commença sa carrière politique par un programme révolutionnaire qui ébranla les fondements du trône d'Isabelle II. Martinez Campos, le général de la restauration, improvisa sa carrière militaire durant la révolution et dut son élévation rapide à ses amis

d'alors, les républicains. Romero Robledo, hier encore ministre d'Alphonse XII et l'âme de la situation conservatrice, fut
l'un des auteurs d'un placard célèbre, où les Bourbons étaient
déclarés race bâtarde et infâme. Sagasta, qui dans sa soif de
pouvoir tantôt menace don Alphonse et tantôt s'aplatit à ses
pieds pour mendier le ministère, Sagasta, disons-nous, fut un
de ceux qui conspirèrent le plus contre la mère du roi, et il
fut piteusement balayé du pouvoir par la restauration triom-
phante. Martos, l'homme des formules et des *distinguo* ca-
suistiques, a sauté cent fois de la monarchie à la république,
et il a maintenant un pied dans chacune pour rester au besoin
du côté où le soleil brillera le mieux. Castelar s'éleva par le fé-
déralisme, dont il fut l'apôtre le plus fougueux, et maintenant il
saisit toutes les occasions de décrier ce système politique. Sal-
meron... Mais arrêtons-nous, car nous n'en finirions pas. Nous
verrons la face réelle des hommes politiques lorsque nous étu-
dierons les effets de la politique en Espagne.

Nous avons dit que la face apparente des partis et des hommes politiques offre un composé de légèreté et de prétentions
scientifiques qui ne manquent pas d'un certain attrait. Nous
ajouterons qu'elle est parfaitement ridicule pour tous ceux qui
ont étudié un peu à fond l'art de gouverner les peuples. Elle
vit encore en plein romantisme et se réduit à l'emploi de mots
sonores et ronflants; elle ne descend jamais à la vie réelle de
la société. Le parti conservateur, par exemple, a gravement
discuté pour savoir s'il devrait prendre le nom de conservateur-
libéral ou de libéral-conservateur. Très-souvent on entreprend
de longues discussions aux Cortès pour décider où réside la
souveraineté nationale, et les partis se passionnent sur des
distinguo parfaitement byzantins. Ceux qui ont voulu se donner comme les plus avancés ont soutenu la théorie que les droits
de l'individu sont sacrés et ne peuvent être réglementés par
aucune loi, et, tout en maintenant leur assertion, ils se sont
empressés de réglementer ces mêmes droits. Il y a des partis
qui sont fondés sur certaines distinctions et confusions du
philosophe allemand Krause, presque oublié depuis longtemps
dans son propre pays, et qui emploient une phraséologie bi-
garrée et inintelligible, apprise de seconde main. Pour com-
pléter le tableau, nous ajouterons qu'un parti, qui fut nombreux

et populaire et peut le redevenir encore, est basé sur une petite brochure de Proudhon, qui passa presque inaperçue en
France. Ce parti a pour article de foi les élucubrations et pa-
radoxes contenus dans le *Principe fédératif*, et prétend orga-
niser la nation par le pacte synallagmatique des individus,
des communes et des provinces.

Cette face apparente suffit aux politiciens pour conserver leur
autorité et dominer le pays. Pour mieux assurer encore leur
domination, ils forment entre eux, même entre les plus éloi-
gnés en apparence, une sorte de société de secours mutuels.
Tacitement, tous acceptent un certain nombre de règles pour
l'exploitation du pays, règles qu'aucun d'eux ne trahit jamais.
Tous sont d'accord pour considérer Madrid comme la tête et
le ventre de la nation, et, lorsqu'il est question de conserver
cette prééminence, monarchistes et républicains, conservateurs
et radicaux, chantent sur le même ton ; on n'entend pas une
note discordante. Ainsi, par exemple, lorsque la commission
catalane alla présenter à don Alphonse le *Mémoire régiona-
liste*, tous les partis en jeu s'acharnèrent contre l'œuvre et ses
auteurs. Pour eux tous, la comédie honteuse qui a conduit la
nation à deux doigts de sa perte est du pur parlementarisme,
et gare à qui oserait y toucher ! Si quelqu'un avait la hardiesse
de combattre ce soi-disant parlementarisme, ou seulement de
le critiquer, un *tollé* général s'élèverait des rangs des politiciens de toutes les couleurs, et ce malheureux, unanimement
accusé de vouloir nous ramener à l'absolutisme, serait bientôt
écrasé sous le poids de cette passion publique et nationale
dont nous parlons plus haut, habilement exploitée par les
partis et coteries madrilènes. Pour eux tous, tout ce qui est
contraire aux intérêts généraux du pays producteur doit être
soigneusement respecté par n'importe quel gouvernement qui
succède à celui qui a été l'auteur de la mesure, sous prétexte
que les grands principes de politique et de dignité nationa-
les ne comportent pas autre chose. Ainsi, dernièrement, nous
avons vu M. Sagasta tomber sous le poids de l'impopularité
habilement exploitée par M. Cánovas et ses amis, qui combat-
tirent avec ardeur le traité de commerce avec la France et les
tarifs de la contribution industrielle, et qui, arrivés au pouvoir,
continuèrent le même système en l'aggravant. Quant au traité

de commerce avec l'Angleterre, ruineux pour le pays, il n'a pas dépendu de M. Cánovas qu'il ne fût exécuté, mais de l'espoir qu'a la Grande-Bretagne d'obtenir des conditions plus favorables. Tous ces partis savent fort bien que la force de chacun d'eux est plus apparente que réelle; car il n'en est aucun qui ait jeté des racines profondes dans l'opinion publique assoupie. Aussi tous se tiennent par le bras pour se soutenir réciproquement, et la société d'éloges mutuels est toujours en activité pour prôner celui dont le nom se trouve en vedette sur l'affiche politique. Les politiciens madrilènes ressemblent à ces longues files d'ivrognes que l'on voit souvent dans les ports de mer. Incapables de se tenir isolément sur leurs jambes ils s'appuient les uns sur les autres et marchent, ainsi pressés et en chancelant tout d'une pièce, jusqu'au bateau qui doit les ramener à bord.

Les deux faces des politiciens constituent donc l'origine de leur force. Voyons maintenant comment se manifeste leur influence sur ce pauvre pays qui est leur dupe.

V

Transportons notre observation hors de Madrid, dans quelque ville de province, comme Barcelone, Séville ou Valence, et commençons notre examen.

Nous remarquons d'abord que toutes les grandes villes contiennent une réduction du Maidrid officiel. A la tête de chaque province se trouve un gouverneur civil, représentant direct du ministre de l'intérieur, entouré d'une cohorte plus ou moins nombreuse d'employés coupés sur le même patron que ceux de la capitale. Il y a aussi une miniature des partis et coteries politiques, qui ordinairement s'organisent en comités. Les chefs politiques madrilènes se procurent dans chaque ville de province une demi-douzaine d'amis qui assument leur représentation et exécutent aveuglément leurs ordres.

Comme tous les imitateurs, les hommes politiques et les employés de province présentent les mêmes caractères que ceux de Madrid, d'une manière plus ou moins accentuée. Ils ont aussi les deux faces; ils constituent plus ou moins rudimentairement la société de secours mutuels; ils exploitent les passions populaires, etc., etc.

Mais ici cesse toute ressemblance entre Madrid et la province.

A Madrid se trouvent les directeurs de l'exploitation du pays; en province, il n'y a plus que leurs agents, dont la principale mission est de travailler pour la capitale. De plus, à Madrid, les politiciens sont maîtres du terrain, sans opposition; en province, leurs agents constituent une petite minorité et se trouvent noyés au milieu de la foule qui travaille pour les nourrir. A Madrid encore, la face apparente est bien plus difficile à montrer. Les politiciens se trouvent en présence du corps diplomatique et des missions étrangères, devant lesquels il faut jouer la comédie avec art. En province, on n'a pas besoin de se gêner, et la face réelle se montre le plus souvent dans toute sa nudité. C'est donc en province que l'on peut observer, dans toute sa hideur, l'immoralité officielle qui, aujourd'hui, caractérise aussi bien l'Espagne que le faisaient autrefois les boléros, les majas, les moines et les toréadors.

Le gouverneur civil est généralement un parvenu qui doit sa place à la faveur du ministre, et il se comporte en vrai pacha dans son commandement. Il ne manque pas d'exemples de gouverneurs qui, avant d'obtenir le pachalik, étaient simples reporters d'un journal sans abonnés et touchaient de 50 à 100 fr. par mois, qui leur suffisaient à peine pour leur déjeuner. Pour le dîner, le souper et le reste, ils se les procuraient au moyen d'artifices propres aux bohêmes, qui constituent une classe si nombreuse dans la capitale de toutes les Espagnes. Le traitement d'un gouverneur n'est pas considérable; il varie entre 10 et 15,000 francs, selon l'importance de la province. Malgré cela, le gouverneur qui peut rester en place durant quelques années s'enrichit sûrement, s'il le veut; quelques mois même suffisent dans certaines provinces. Ainsi on calcule qu'un gouverneur *adroit* peut tirer de la province de Barcelone environ quatre ou cinq cent mille francs par an. Le jeu seul peut lui donner de 5 à 700 francs par jour.

Ce qu'on nomme ici l'*hygiene*, et qui n'est autre chose que l'exploitation de la prostitution (que la loi ne réglemente pas et qui est laissée à la volonté du gouverneur), peut lui donner aussi de très-gros revenus. L'énumération des autres sources desquelles les gouverneurs peuvent puiser une fortune aussi bien acquise serait longue et difficile, et quelques-unes sembleraient invraisemblables à des lecteurs étrangers.

Disons seulement que dans quelques grandes villes, comme à Barcelone, la *corporation* des pickpockets, escrocs et voleurs, est parfaitement organisée et forme une association puissante, dont les membres sont rigoureusement classés et obéissent à des chefs connus. Cette association se subdivise en fractions qui tirent leur nom de leur manière spéciale de procéder; ainsi il y a les *timadores*, les *tiradores*, les *taruguistas*, etc., etc., que tout le monde connait, à l'exception de la police cependant, car il n'est pas rare de voir dans les lieux publics quelqu'un des *honorables* membres de la société en amicale conversation avec des agents de l'autorité. Cette société est si bien constituée, que quelquefois ses membres se sont réunis en banquet fraternel dans quelque restaurant public, et, en mots plus ou moins voilés par l'argot du métier, ont porté des toasts enthousiastes à la prospérité de leurs affaires; et tout cela sans que la police ait cru de son devoir de nous épargner un aussi dégradant spectacle. L'organisation de cette association de voleurs est si connue, que, lorsqu'un particulier a sa montre volée, il sait toujours à qui s'adresser pour la recouvrer, moyennant une rançon réglée d'avance, suivant la valeur du vol. Il n'est pas rare même que quelque agent de police rapporte de sa propre main l'objet volé, et que cette même main reçoive, tout naturellement, la rançon convenue.

Nos lecteurs voient bien que nous n'étions que juste en comparant nos gouverneurs à de véritables pachas. Placés, en effet, à la tête des provinces pour les exploiter au bénéfice de la capitale et pour faire les élections au gré du gouvernement, la plupart d'entre eux ne reconnaissent pas de bornes à leurs caprices. Si quelque particulier a une affaire de droit civil avec un autre et ne veut pas subir les lenteurs et les frais d'un procès devant les tribunaux; si ce quidam a des relations avec le gouverneur ou avec un fonctionnaire de la police, il n'a qu'à leur confier l'affaire, et ceux-ci se chargeront de l'arranger, s'ils y trouvent du bénéfice. Hier soir même, je fus témoin involontaire d'un de ces arrangements qui se concertait entre un propriétaire et un commissaire de police, pour faire décamper un locataire. La scène se passait dans une salle d'un des cafés les plus fréquentés et les plus aristocratiques de Barcelone.

La forme de procédure est on ne peut plus expéditive. Deux ou trois agents se présentent chez le débiteur supposé et lui ordonnent de payer séance tenante ce qui lui est réclamé. S'il résiste, on n'écoute pas ses raisons, on l'empoigne, on le ligote fortement *coude contre coude* (expression espagnole consacrée) et on le mène comme un criminel au *gobierno civil*. Là, s'il persiste à ne pas s'exécuter, on le met dans un cachot, où on lui administre une volée de coups de bâton; après quoi, on l'envoie *de paso*, c'est-à-dire qu'on lui fait parcourir toute l'Espagne à pied, conduit par la gendarmerie de poste en poste et couchant la nuit dans les prisons. Les gouverneurs se livrent à cet aimable jeu de la manière suivante : celui de Barcelone, par exemple, suppose que la personne qui le gêne lui est réclamée pour quelque crime par le gouverneur de Cadix ou de la Corogne, et il la lui expédie comme nous avons dit plus haut. Le gouverneur de Cadix ou de la Corogne, à titre de réciprocité, envoie à son tour et sous le même prétexte l'homme gênant à un collègue de Séville, et ainsi de suite. On en a envoyé *de paso* par milliers; beaucoup de ces malheureux, victimes de l'arbitraire le plus atroce, ont péri à la suite des fatigues et des mauvais traitements endurés, et cependant il n'y a pas d'exemple qu'on ait fait peser sur un seul gouverneur la responsabilité d'actes qu'aucune loi n'autorise et qui violent la constitution. Il suffirait au gouverneur de dire, pour se trouver déchargé de toute responsabilité, que celui auquel il a infligé cette peine cruelle était un homme dangereux pour l'ordre social. Mais on n'en vient jamais là, car le gouvernement ne s'occupe pas de ces *bagatelles*, pas plus que les députés. Jamais, ou presque jamais, il n'est question de ces scandales aux Cortès. Mais qui pourrait en parler et les blâmer, tous les partis ayant la même organisation et employant à leur tour les mêmes procédés? Il ne convient à aucun d'eux que l'Europe civilisée con naisse ces pratiques barbares, et ils se taisent. Pour détourner l'attention du pays, ils lui donnent souvent le spectacle de grandes discussions politiques dont nous avons parlé, et ils élèvent aux nues les excellences de *notre* parlementarisme.

Il sera sans doute très-difficile aux lecteurs étrangers de ne pas croire que nous exagérons, et cependant nous pouvons leur garantir que nous avons, au contraire, beaucoup atténué. Pour les en convaincre, nous leur citerons deux faits récents, qui sont parvenus à la connaissance de toute l'Europe.

Le ministre de l'intérieur, M. Romero Robledo, surprit, il y a quelques mois, un jeune homme dans son appartement. Qu'allait-il y faire? Était-ce pour voler? Était-ce affaire d'amourette avec quelque servante? On n'a jamais pu le savoir au juste. Toujours est-il que cet individu ne devait pas être un criminel bien féroce, puisqu'en apercevant le ministre, sans armes et un bougeoir à la main, il se précipita par une fenêtre dans la rue, où l'attendait, dit-on, un de ses amis; tous les deux furent arrêtés. Eh bien! à l'audience publique, les accusés se présentèrent presque mourants. Ils déclarèrent qu'on les avait privés de nourriture, bâtonnés cruellement, enfermés dans des sacs pendant de longues heures, enfin qu'on leur avait infligé toute sorte de tourments pour leur faire avouer qu'ils étaient les exécuteurs de quelque conspiration contre le ministre. Le tribunal écouta ces graves accusations sans s'émouvoir; le parquet fit de même; l'affaire en resta là, et l'une des malheureuses victimes, Ricardo Girado, mourut au bout de quelques jours, des suites de ces tortures renouvelées de l'Inquisition.

Voici le second fait: dans une plantation de l'île de Cuba, on châtia si horriblement une jeune négresse, qu'elle en mourut la nuit même. Après l'avoir cruellement fustigée, on lui avait passé une corde au cou et on l'avait traînée à travers les allées de la plantation jusqu'au cep, où on lui prit la tête. Or cette pauvre négresse n'était pas esclave, car une loi datant de quelques années abolit l'esclavage et ne laisse subsister qu'une espèce de patronage temporaire, dans lequel l'application des peines corporelles est très-formellement défendue. La discussion fit savoir que la plantation appartenait aux héritiers Zulueta, parmi lesquels la femme de M. Romero Robledo, le héros de la scène précédente, et qu'elle était administrée

par.... le gouvernéur civil de la Havane, M. le marquis d'Alta-
Gracia! Eh bien! comme le précédent aussi, ce crime affreux
commis sur la personne de la jeune Agueda, âgée de treize
ans et épileptique, resta impuni[1]. Il y eut plus : le régisseur de
la plantation, M. Zamora, eut l'audace de faire publier un *com-
muniqué* effronté dans lequel il assurait que, au mépris de la
loi, les choses se passaient dans son domaine comme au *bon
temps* de l'esclavage ; que les nègres travaillaient *vingt heures*
par jour, et que, pour les stimuler et les empêcher de s'endor-
mir, il y avait constamment de robustes et vaillants *capataces*
qui jouaient merveilleusement du *mocho* (fouet). En vérité, le
cas de la pauvre fille prouve éloquemment qu'ils en jouaient à
merveille.

Par ce que nous venons de dire, on peut juger du régime
auquel sont soumises les provinces espagnoles. Plus loin
nous continuerons le même sujet, en étudiant les gouverneurs
civils comme agents politiques du gouvernement, et nous nous
occuperons ensuite des autres employés et des politiciens actifs, qui forment dans leur ensemble la miniature des partis
madrilènes en province.

VI

De la haine de l'absolutisme, de cette passion vraiment nationale et populaire que nous avons constatée dans un de nos
précédents articles, découle pour tous les gouvernements la
nécessité de se donner comme scrupuleusement constitutionnels et parlementaires. Mais, tous les gouvernements étant

[1] Après avoir écrit ces lignes, je lis dans les journaux que le tribunal de Colon (Cuba) a déclaré qu'il considère que les auteurs du
meurtre ne se sont rendus coupables que de *lesiones menos graves* (bles-
sures des moins graves) et a, par conséquent, condamné les exécuteurs
de l'attentat, c'est-à-dire ceux qui furent forcés de manier le fouet, à
QUATRE MOIS de prison. Voilà le beau résultat obtenu après avoir ému
l'opinion publique et interpellé le gouvernement aux Cortès, pour
exiger de lui le châtiment de ce crime! (*Note de l'auteur.*)

issus de partis et de coteries politiques sans racines dans le pays, qui leur est indifférent ou même hostile, comment ces gouvernements réussissent-ils à faire du parlementarisme?

Ici nous retrouvons encore la ressource des deux faces: l'apparente et la réelle. Pour la splendeur de la face apparente, nos sages politiciens ont élaboré des lois électorales des plus scientifiques, comme base du régime parlementaire. L'élection des députés aux Cortès se fait par petites circonscriptions dans les districts ruraux, et par grandes circonscriptions dans les villes où a lieu la désignation par liste. Dans ces grandes circonscriptions, la loi établit la représentation des minorités, chaque électeur ne votant que la majorité des noms portés sur la liste. Pour comble de combinaisons scientifiques, nous avons encore les députés par accumulation; c'est-à-dire que le candidat qui obtient un certain nombre de voix dans les diverses petites circonscriptions de tout le pays devient député et occupe sa place avec une grande autorité théorique. Quant aux lois électorales des conseils généraux et municipaux, elles sont aussi environnées de tout l'appareil scientifique. En parlant des lois électorales, nous entendons celles qui nous régissent en ce moment précis, car il ne faut pas oublier que nous changeons de lois à chaque changement de gouvernement; par exemple, si le droit de suffrage est aujourd'hui restreint aux contribuables et aux personnes munies d'un brevet de capacité, sous d'autres régimes et surtout pendant la période révolutionnaire, de 1868 à 1874, nous eûmes le suffrage universel. Toujours pour la splendeur de la face apparente, nous avons aussi une foule de prescriptions protectrices de la liberté du vote. Les limitations imposées au gouvernement et à ses agents sont innombrables. Les crimes et délits électoraux classés et punis suffisent à prévenir ou châtier tous les abus. Pour toute personne qui étudierait notre état politique et social sur les livres et dans le silence du cabinet, nous sommes assurément une des nations les mieux régies de l'Europe, en ce qui concerne la base fondamentale du système représentatif.

Mais quelle énorme différence entre la face apparente et la face réelle! Quel contraste entre les prescriptions légales et les faits! Sans les grands malheurs qu'elles occasionnent au pays, nos élections seraient un des spectacles politiques les plus comiques qu'on puisse observer en Europe. En fait, nous n'avons qu'une méchante parodie d'élections. Listes d'électeurs, urnes, dépouillement, tout est falsifié. Toute élection en Espagne n'est qu'une farce digne d'être mise en musique par Offenbach ou Suppé. Ce n'est plus, comme on le voit dans la plupart des autres pays, l'influence morale des gouvernements qui se fait sentir avec plus ou moins d'intensité; ce ne sont plus les petits larcins et les peccadilles électorales que les oppositions reprochent avec tant d'aigreur aux ministres: ce sont là des péchés mignons qui font pitié à nos joueurs de gobelets politiques. Chez nous, c'est la farce dans toute sa nudité, une farce complète, spéciale et exclusive, des élections espagnoles. Que le suffrage soit universel ou qu'il soit restreint, il n'y a jamais qu'un seul et unique électeur: le ministre de l'intérieur ou de *la gobernacion*. Celui-ci, avec ses gouverneurs des provinces et l'armée innombrable des employés publics de toute sorte, sans en exclure les hauts dignitaires de la magistrature et de l'Université, prépare, exécute et consomme les élections de toute sorte du fond de son cabinet, situé au centre de Madrid.

Pour confectionner les listes d'électeurs, on met quelques noms réels noyés dans une multitude de noms imaginaires et surtout de noms de *défunts*. La représentation de ces derniers est toujours assumée par des agents subalternes, qui se travestissent en civils pour l'opération du vote. L'auteur de ces lignes a vu à diverses reprises comment son père, quoique mort depuis plusieurs années, était allé déposer son vote dans l'urne, sous la figure d'un balayeur public ou d'un limier de police, paré pour l'occasion de vêtements d'emprunt. Les membres des bureaux des colléges électoraux assistent souvent à de semblables transmigrations des âmes de leurs propres parents. On a vu des listes électorales sur lesquelles figurait à peine le dixième du chiffre des électeurs, et encore la plupart des noms inscrits étaient-ils imaginaires ou appartenaient-ils à des défunts.

Ce système d'élections par la résurrection des morts et par les agents de police travestis en électeurs n'est pourtant pas le pire des moyens employés pour fausser le suffrage par nos soi-disant défenseurs du parlementarisme et du système représentatif. Hâtons-nous de dire que, le plus souvent, on ne s'arrête pas à ces semblants de respect humain, et qu'on grossit purement et simplement le chiffre des voix émises jusqu'à assurer l'élection du candidat agréable. Sur ce terrain, on dépasse souvent les bornes du grotesque et de l'invraisemblable. Pour en donner une faible idée aux lecteurs étrangers, nous citerons le fait d'un général de brigade, candidat ministériel pour le district de Berga, qui obtint plus d'*un million et demi* de voix, quoique le district ne compte que quelques milliers d'habitants. Les deux compétiteurs avaient chacun les moyens de faire mousser les voix dans les collèges électoraux qui leur étaient dévoués, et la victoire resta au plus audacieusement effronté. L'adversaire du général fut écrasé sous le coup du million', et le vainqueur se présenta très-sérieusement au Congrès, qui, tout naturellement, valida son élection.

Et qu'on n'aille pas croire que ce soit là un fait extraordinaire. Dans le cas présent, l'unique chose extraordinaire est l'exagération du chiffre. Le fait en lui-même est si ordinaire, qu'il se reproduit à *toutes* les élections, sans exception aucune. Ces escamotages sont employés tour à tour et simultanément par tous les partis et toutes les coteries politiques. Sans cela, nos politiciens de toutes les couleurs laisseraient trop voir qu'ils n'ont pas de racines dans le pays ; car, même dans les élections les plus acharnées, leurs députés seraient élus par quelques douzaines ou tout au plus par quelques centaines de voix.

Et les menées jusqu'ici indiquées ne sont encore que les *peccata minuta* de la face réelle de nos politiciens dans la question électorale. Ces fourberies grotesques constituent une maladie chronique de notre parlementarisme ; mais depuis quelque temps la maladie a pris des formes aiguës. En vertu de cette loi d'incohérence ou du *vice-versà*, comme nous l'appelons ici, qui caractérise la politique espagnole contemporaine, les derniers restes de la légalité et de la pudeur électorales furent détruits précisément par le parti de M. Sagasta, qui a la prétention de représenter la nuance la plus libérale des monarchistes. Les élections que cet homme politique a diri-

4

gées, soit comme ministre de l'intérieur, soit comme chef du
cabinet, ont été l'assemblage le plus bizarre et le plus odieux
à la fois de scènes toujours grotesques et souvent tragiques.

A ce parti *libéral* appartient sans contrédit l'invention de
la *partida de la porra* (la bande de la trique), qui ensanglanta
les rues de bon nombre de villes qui osèrent opposer quelque résistance à la volonté des meneurs d'élections. La *partida de la porra* tranchait toutes les difficultés en jouant de
la trique ou du couteau, voire du fusil et du revolver. Dès lors,
le grotesque arriva jusqu'à ce point qu'on installa des colléges
électoraux dans le local du cercle appartenant au parti domi-
nant, local dont l'entrée était interdite à tous ceux qui ne faisaient pas partie dudit cercle. D'autres fois, l'urne était placée
à l'étage supérieur d'une maison dont la porte était solide-
ment fermée ; les électeurs entraient par la fenêtre, à l'aide
d'une échelle dont on ne permettait l'accès qu'aux amis. C'est
de cette époque aussi que date l'usage des urnes à double
fond ; ce qui a suggéré à l'auteur du dernier projet de loi électorale l'idée de faire des urnes en cristal transparent [1], pour
démontrer sans doute qu'il n'avait pas besoin de recourir à
des moyens aussi grossiers. Nous avons vu souvent aussi les
colléges électoraux occupés par la force publique munie de ses
ambulances, comme à la veille d'une bataille, et les troupes
allant voter par compagnies, sous la conduite de leurs chefs.
Plus d'une fois les urnes ont été séquestrées par la police
avant le dépouillement et transportées chez le gouverneur,
pour en tirer un scrutin favorable au candidat ministériel, qui
se trouvait transformé du coup en député *Lazare*, nom con-
sacré, dans l'argot politique, aux ressuscités, comme le Lazare
de la Bible. Nous n'en finirions pas si nous voulions énumérer
toutes les fraudes employées chez nous pour faire parler le
suffrage au gré du pouvoir. Tout le monde les connaît, tous les
partis s'en servent, et l'opinion publique, écœurée et assoupie,
ne s'en émeut pas autrement. Nous dirons seulement, comme
synthèse de nos élections, que les députés se font purement
et simplement au ministère de l'intérieur, et que les autres

[1] Projet élaboré par le ministère Cánovas-Romero Robledo, mais
qui n'est pas encore sorti de l'état de projet.

actes de la comédie électorale sont uniquement destinés à
jeter de la poudre aux yeux des peuples étrangers et de quelques rares Espagnols naïfs, qui ont encore la bonhomie de
prendre la chose au sérieux.

Nous avons vu que c'est le ministère qui fait les députés
ministériels ; mais, comme un gouvernement ne peut pas se
passer d'opposition, c'est encore lui qui désigne les candidats
des minorités auxquels il peut accorder une place. Nous retrouvons ici une preuve de l'existence de cette société de secours mutuels dont nous parlions dans un des articles précédents. Dans les Cortès actuelles, tous les députés de l'opposition, sans en excepter MM. Sagasta, Martos et Castelar
lui-même, ne sont pas les représentants des électeurs, mais
les créatures du ministre, élus par les agents de police dégui-
sés et les balayeurs publics travestis, votant au nom de morts
transmigrés et de centaines ou de milliers d'électeurs imaginaires. Et qu'on n'aille pas croire que tous ces artifices se tra-
ment en secret ; loin de là : nos politiciens sont si dénués de
pudeur, que, surtout en province, à l'approche des élections,
nous savons d'avance quels sont les représentants de la majorité et ceux de la minorité. Dans la plupart des districts,
spécialement dans les districts ruraux, les candidats sont parfaitement inconnus et n'ont pas le moindre intérêt dans la
contrée. On donne à ces représentants un nom éminemment
espagnol, intraduisible dans toute autre langue : on les appelle
cuneros, c'est-à-dire enfants trouvés, et le *cunerismo* est un
des fléaux de notre soi-disant parlementarisme.

Notre comédie électorale, en résumé, ne respecte absolument rien. Rien n'est sacré pour elle : listes électorales, urnes,
scrutin, tout est falsifié par nos politiciens, sous la direction im-
médiate dans chaque province, du gouverneur civil. Or, nous
nous le demandons, l'existence du système parlementaire, ou
simplement du système représentatif, est-elle possible sur de
telles bases ?

Les conséquences de cet état de choses sont on ne peut plus
fatales à la moralité publique. Un exemple suffira pour en montrer toute la portée.

Nous avons dit ailleurs que l'Espagne n'est plus le pays classique des manolas, des muletiers et des moines graisseux ; mais

nous sommes forcé de faire une réserve quant au brigandage, qui, quoique moins répandu qu'il ne l'était naguère, vit encore et se perpétue dans certaines contrées, à l'ombre protectrice de notre immoralité politique et administrative.

On s'occupe beaucoup, ces jours-ci, du bandit Melgares et de sa bande, qui ont choisi pour théâtre de leurs exploits les provinces de Malaga et de Grenade, et qui, tout récemment, ont tué ou grièvement blessé quatre ou cinq gendarmes.

Melgares compte de puissants protecteurs, non-seulement dans les provinces où il exerce son industrie, mais encore dans la capitale même de la nation. Il passe son temps à Malaga et à Grenade, d'où il dirige ses opérations, et ne craint pas d'aller souvent à Madrid, où il fréquente les lieux publics et est reçu même par des personnages officiels. Il envoie à la capitale une redevance mensuelle de deux mille cinq cents francs, pour obtenir l'impunité des vols, séquestres et meurtres dont lui et sa bande se rendent tous les jours coupables. On ne dit pas à haute voix les noms de ceux qui se partagent cette *prime d'assurance*, mais on peut bien les supposer, d'après les renseignements que nous avons donnés sur l'organisation du tripotage. Melgares rétribue, en outre, largement l'armée bien organisée des complices, agents, recéleurs, etc., qu'il possède dans les deux provinces.

On a observé que la gendarmerie ne visite les localités où opère la bande que longtemps après que celle-ci a décampé; et, si quelquefois un officier trop zélé s'opiniâtre sérieusement à mettre la main sur les bandits, il ne tarde pas à être changé de poste.

Enfin, et comme complément de tous ces renseignements, on ajoute que Melgares et tous les autres bandits de l'Andalousie sont des agents électoraux très-actifs. A l'époque des élections, ils ne manquent jamais de *recommander* aux électeurs les candidats, qui sont ordinairement ceux du gouvernement.

Tous ces détails et d'autres tout aussi significatifs ont été publiés par la presse espagnole. Nous possédons, quant à nous, des renseignements très-curieux et très-instructifs, émanés de témoins oculaires et absolument dignes de foi. Voici, entre autres, une anecdote bien caractéristique et parfaitement véridique, d'ailleurs :

Dernièrement, une commission chargée d'aller distribuer des secours aux sinistrés des tremblements de terre de l'Andalousie, désirant mettre les fonds qu'elle portait à l'abri d'un coup de main et ayant peu de confiance dans la surveillance des autorités, imagina de se placer sous la protection directe des bandits eux-mêmes. A cet effet, la commission, après informations prises, alla rendre visite à une *dame* de Velez-Malaga, fille de Melgares, et lui exposa son cas.

La fille du bandit reçut ces messieurs avec la plus aimable politesse et leur donna l'assurance que son digne homme de père et ses fidèles collaborateurs se feraient un scrupule de toucher à l'argent des pauvres; la commission pouvait donc vaquer sans aucune crainte à ses affaires.

Là-dessus, ces messieurs prirent congé, après avoir cérémonieusement échangé leurs cartes avec la dame; et, en effet, ils ne furent nullement inquiétés, quoiqu'on les sût porteurs de sommes considérables. Quelques jours après, pendant qu'ils distribuaient des secours dans un petit village ruiné, on leur annonça la visite d'un inconnu. Cet inconnu n'était autre que Melgares lui-même, qui, comme un véritable *caballero*, venait rendre leur visite à ces messieurs et leur faire ses offres de service.

Or la commission reçut avec surprise cette étrange visite dans la maison d'une des autorités du village et non loin de la brigade de gendarmerie, qui ne reconnut pas le bandit, ou feignit ne pas le reconnaître.

Melgares, comme tous les bandits andalous, nous offre encore le type légendaire et classique de Diego Corrientes et de José Maria. Quoiqu'il ne soit plus jeune, il conserve une belle prestance et sait prendre tous les travestissements, depuis les plus misérables. C'est un tireur de première force et un excellent cavalier, qui dépouille les riches sans pitié et a toujours la main ouverte pour les pauvres.

Son second, Bizco del Borge, est cruel et sanguinaire à l'excès. La légende populaire raconte qu'il arracha de ses mains le cœur de son propre père et le présenta à son maître, comme un gage de son aveugle et barbare fidélité.

Ces actes de cruauté inouïe d'un côté, et d'un autre la protection donnée aux pauvres, ainsi que les marques ostensibles de dévotion à la Madone, rendent les bandits populaires dans une contrée où toutes les terres sont accaparées par les grands seigneurs résidant à Madrid, et où la masse de la population manque de tous les éléments indispensables à la vie, pourtant bien frugale, qu'on mène dans les campagnes de l'Andalousie. Le brigandage est donc en quelque sorte une des manifestations de la question sociale, toujours vivante dans le sud de l'Espagne; question qui prend des formes en rapport avec l'ignorance profonde, la superstition et l'excès d'imagination des paysans de ces contrées.

Néanmoins, le métier de brigand est devenu moins productif de nos jours, car nous voyons ceux qui l'exercent se procurer des ressources complémentaires par la contrebande. Cette ressource leur permet d'attendre et de préparer avec soin les séquestres, les vols et les assassinats. Pour leurs entreprises en gros, les dissensions politiques et les grands désastres publics sont de précieux auxiliaires. Dans notre pays, les gouvernements ont l'habitude de concentrer toute la force publique dans les villes à la moindre alerte, et ils abandonnent les campagnes aux pillards maraudeurs et contrebandiers. Ainsi, ces derniers jours, à la suite de l'agitation produite par le conflit avec l'Allemagne, la gendarmerie et les douaniers ayant été concentrés dans les grandes villes, quelques bandes se sont présentées, que le gouvernement a qualifiées de républicaines, et qui, au fond, n'étaient autres que des bandes de contrebandiers qui profitaient des circonstances pour inonder l'Andalousie des produits étrangers accumulés à Gibraltar.

Melgares possède aujourd'hui quelques centaines de mille francs en propriétés placées sur la tête de sa fille et d'autres membres de sa famille, et, comme nous l'avons vu, il jouit d'assez d'influence pour faire des députés. Tout cela ne dépeint-il pas sous de bien vives couleurs notre état politique et le faux parlementarisme de nos partis militants?

VII

Si telle est la base des institutions politiques capitales, il ne sera pas difficile de deviner dans quel état doit se trouver l'administration publique. Aussi nul ne sera surpris d'apprendre que les abus fourmillent dans tous les services de l'État. Un nombre extraordinaire d'employés ne franchissent jamais le seuil des bureaux, si ce n'est le jour de la paye, pour empocher le traitement affecté à des emplois imaginaires. Tout récemment, nous avons vu que, dans quelques branches de l'administration, bon nombre de petits messieurs, gommeux et dandies, émargeaient comme titulaires d'emplois de valets de bureau, portiers, balayeurs, etc., etc., emplois qu'ils ne remplissent pas, bien entendu; mais ils ne dédaignent nullement les émoluments, pour si modestes qu'ils soient. Dans certaines villes, nous avons vu les maires subventionner des journaux de leur parti en prélevant les fonds sur le chapitre municipal de la voirie, de sorte que telle publication consommait l'argent destiné à l'entretien de dix tombereaux. A l'occasion d'un récent changement de municipalité à Madrid, le nouvel alcade imposé par le gouvernement voulut se rendre populaire en balayant des bureaux de la ville la foule des parasites qui les encombraient et nuisaient à leur marche régulière. Il commença par mettre la plaie à découvert, mais il fut bientôt arrêté par les clameurs de tous les partis politiques, intéressés d'une manière plus ou moins directe à la continuation de ces abus. D'ailleurs, en agissant ainsi, l'alcade avait moins en vue la moralisation de l'administration que le discrédit que la divulgation de ces faits jetterait sur la municipalité d'opposition qu'il venait remplacer. Les dernières élections municipales de Madrid, en introduisant à l'hôtel de ville les chefs de tous les partis d'opposition, même les plus radicaux, n'ont pas apporté le moindre remède à cet état de choses. Les nouveaux édiles ont vu le mal si profondément enraciné, que, désespérant de le guérir, ils ont pris le parti de ne pas s'en occuper.

Si nous tournons nos regards du côté de l'armée, nous y voyons l'immoralité, élevée à la hauteur d'institution légale, présider à toutes les opérations de son recrutement et de son organisation.

Notre armée n'est pas formée d'après le système allemand, parce qu'elle n'est pas basée sur le service général et l'instruction militaire obligatoire, ni d'après le système anglais du volontariat, ni d'après l'ancien système de recrutement par le tirage au sort.

On a fait un pêle-mêle des inconvénients et des injustices criantes de tous les systèmes; pêle-mêle qui donne comme résultat une armée composée exclusivement des jeunes gens les plus misérables du pays, mais qui, par contre, fournit aux gouvernements ce qu'ils désirent : des exemptions de service s'élevant chaque année à plusieurs millions.

Disons encore quelques mots sur cette matière, car le système actuel de recrutement et d'organisation militaire, supporté patiemment par le pays, complétera l'exposition de son triste état, et fournira une nouvelle preuve de l'immoralité gouvernementale.

Ici, nous retrouvons encore les deux faces de nos politiciens. Pour la face apparente, toutes les lois récentes, — et nous changeons la loi constitutive de l'armée presque chaque deux ans, — prescrivent pompeusement l'obligation pour tous les Espagnols de défendre la patrie les armes à la main. Ainsi, tous les jeunes gens qui atteignent l'âge légal durant l'année de l'enrôlement sont tenus au service militaire et rangés dans une des quatre classes suivantes :

Service actif permanent ;

Réserve active, ou avec congé temporaire ;

Recrues en dépôt, ou conditionnelles;

Seconde réserve.

Ceci ressemble, au premier abord, au service général obligatoire, malheureusement adopté par la plupart des grandes nations du continent; mais,.... après que la face apparente a été présentée sous ce jour favorable, toute ressemblance disparaît, et, de fait, nous n'avons que le recrutement par tirage au sort et l'exemption pour de l'argent.

Une loi fixe tous les ans l'effectif de l'armée permanente, qui ordinairement ne dépasse presque jamais le chiffre de soixante-dix mille hommes. Tout soldat devant rester au moins trois ans sous les drapeaux, une conscription annuelle de trente à trente-cinq mille hommes serait suffisante pour maintenir l'effectif complet, les forces coloniales comprises; et cependant la conscription ordinaire s'élève toujours fort au-dessus de ce chiffre: celle de cette année a été de *soixante-dix mille* hommes.

Nous exposerons les motifs de cette anomalie.

Remarquons d'abord que, malgré tout l'apparat de la prescription légale qui déclare le service militaire obligatoire, ce service n'est fait que par ceux que le sort a désignés et qui n'ont pas pu payer pour se racheter. Le reste appartient de nom à la réserve, mais de fait ne reçoit pas un seul jour d'instruction militaire, ne touche pas un fusil et reste, en un mot, tranquillement chez soi.

Nos réserves ne se composent, à proprement parler, que des jeunes gens qui, leur service actif fini, restent à la disposition plus ou moins nominale du gouvernement, jusqu'à ce qu'ils aient complété douze années à partir de leur tirage au sort, mais sans organisation et sans aucune instruction militaire ultérieure. En calculant que, chaque année, le nombre des jeunes gens atteignant l'âge légal est de 160,000 environ, et que le contingent demandé est de 50,000 en moyenne, et en considérant que, sur ceux-ci, vingt-cinq pour cent sont exemptés du service pour divers motifs, nous voyons que ce qu'on appelle pompeusement « l'armée nationale » n'est constitué que par un cinquième des jeunes gens aptes au service, et que ce cinquième sort tout entier de la classe la plus misérable de la nation.

Cette mystification constitue une immoralité frappante, mais les moyens par lesquels on y arrive sont encore bien plus blâmables. Si, comme nous l'avons démontré, un appel annuel de 30 ou 35,000 hommes est plus que suffisant pour maintenir l'effectif de l'armée, pourquoi le gouvernement en demande-t-il le double, comme il l'a fait cette année, par exemple? La réponse est bien simple: le remplacement pour de l'argent existant, sur 70,000 hommes appelés il y en a toujours 10 ou 15,000 qui se rachètent en versant 1,500 francs entre les mains du gouvernement; et, comme celui-ci a demandé beaucoup plus d'hommes qu'il ne lui en faut, il ne remplace pas ceux qui se sont libérés, et empoche honnêtement et simplement une somme de *quinze à vingt-cinq millions de francs.*

Anciennement, on appelait le contingent nécessaire; les jeunes gens tiraient au sort, et ceux qui se libéraient étaient remplacés par des volontaires, que le gouvernement se procurait; de telle sorte que la charge ne retombait pas sur tous les déshérités de la fortune.

Aujourd'hui, le pauvre n'a presque plus aucune chance d'échapper au service militaire ; car il remplit par force et gratuitement la place que le riche a laissée vide, soit en se rachetant entre les mains du gouvernement, soit par le moyen des abominables tripotages qui se font sur une très-grande échelle dans les affaires de conscription par des agents sans scrupules, qui tous font de grandes fortunes.

Entrés dans une voie aussi lucrative, nos gouvernants n'ont plus connu de frein, et ils s'efforcent toujours d'augmenter son rendement. Une loi, datant de cette année, élève de 1,500 à 2,000 francs le prix du remplacement pour les conscrits appelés par le sort à passer aux colonies, et l'âge légal a été abaissé de vingt à dix-neuf ans. Nous aurons ainsi deux tirages au sort, cette année, et les produits des rachats s'élèveront à une somme énorme. Et cependant nous possédons une armée qui n'arrive jamais à 100,000 hommes effectifs, avec des réserves qui, toutes comptées, si l'on n'y comprend que les hommes réellement disponibles, dépassent rarement ce chiffre, et offriraient des difficultés de mobilisation insurmontables.

Et cette énorme contribution, si injustement distribuée, pèse lourdement sur le pays. Dans la plupart des provinces, il existe une répugnance invincible et bien justifiée pour notre vie de caserne, et les familles, même les moins aisées, font des sacrifices ruineux pour y soustraire leurs fils.

On se demandera peut-être pourquoi notre gouvernement, qui dispose pour le ministère de la guerre d'un budget de 140 millions de francs, se livre à des actes aussi blâmables pour se procurer 20 ou 30 millions de plus ? Pourquoi ne réduit-il pas son contingent à la mesure de ses ressources ? Cela serait naturel et logique ; mais alors il ne pourrait plus se donner les airs d'un gouvernement organisé à la moderne ; sa belle face apparente lui manquerait. Grâce au gâchis actuel, notre gouvernement se présente devant les grandes nations comme disposant d'une armée relativement à la hauteur de celles qu'elles possèdent, et cela flatte énormément sa vanité d'hidalgo fièrement drapé dans sa cape trouée.

Nous pourrions faire des observations semblables au sujet de notre marine de guerre, mais nous ne les ferons pas, afin d'éviter des répétitions. Nous dirons seulement qu'avec un

budget de 35 millions de francs, — budget qui égale celui de
l'Italie, — nous n'avons pas *un seul* cuirassé de combat en
état de rendre de bons services, et que les quelques fréga-
tes que nous possédons sont surannées et prématurément
vieillies. L'immoralité et la routine rongent notre marine de
guerre, comme toutes les autres branches de l'administration
et du gouvernement.

Comme preuve de cette assertion, nous allons citer un fait
tout récent. Au beau milieu de l'explosion populaire, plus ou
moins réelle, produite par l'affaire des Carolines, il fut question
d'acquérir des vaisseaux de guerre dans les arsenaux étrangers, et quelqu'un proposa deux cuirassés qu'une maison an-
glaise était en train d'achever pour la Chine. Ce quelqu'un,
qui, — malgré la dénégation qu'il fit publier, — n'était rien
moins qu'un politicien de grande renommée, offrait ces navires
pour la somme de 13 millions et demi, chacun; or le journal
el Globo, en cherchant des antécédents, a découvert que ces
mêmes navires avaient été offerts par la même maison, pour
8 millions *les deux*, au précédent ministre de la marine, M. An-
tequera.

Une preuve aussi éclatante d'immoralité, venant d'un personnage si haut placé; une spéculation aussi éhontée sur les
malheurs publics, cela ne dépeint-il pas sous les plus tristes
couleurs l'état d'abaissement de la nation espagnole?

VIII

Nous remplirions des *in-folio* si nous voulions énumérer et
dépeindre les traits les plus saillants de cet état d'immoralité
publique qui pèse aujourd'hui sur l'Espagne. Ce n'est malheureusement pas un cas isolé que celui du comte de la Romera,
qui vendit pour 10,000 francs au *New-York Times* le texte
du traité de commerce projeté entre notre nation et les États-
Unis, et qui, après cette scandaleuse violation d'un secret
d'État qu'il put connaître grâce à sa position officielle, n'en
continua pas moins à présider la Députation provinciale de
Madrid. Des faits semblables sont si fréquents chez nous, que,

malgré le bruit que la presse nationale et étrangère fit sur
cette affaire, le gouvernement de M. Cánovas ne se crut pas
obligé de flétrir d'une destitution méritée son coreligionnaire
infidèle. Mais nous en avons dit assez ; les exemples cités suffisent pour donner une connaissance exacte de l'immoralité
publique en Espagne.

Mais cette immoralité est-elle une exception dans l'ensemble de notre état social? A-t-elle rongé seulement les branches
de l'administration publique, ou a-t-elle atteint jusqu'au tronc
de notre société ?

Nous sommes malheureusement forcé de reconnaître que
l'immoralité gouvernementale et administrative n'est qu'un
pâle reflet de l'état du pays. Notre nation se trouve aujour-
d'hui dans la décrépitude, et tous ses membres actifs partici-
pent de cet état.

Nous ferons observer en premier lieu que les farces électorales et les tripotages administratifs se font, non malgré le
pays, mais avec son concours. S'il est vrai que le ministre
de l'intérieur dirige de son cabinet de Madrid la comédie grotesque des élections, il n'en est pas moins certain qu'il trouve
jusque dans les moindres villages des *caciques* nombreux,
parfaitement disposés à le seconder et même à le surpasser
en fourberies. Pendant la courte durée de la république, nous
eûmes un ministre de l'intérieur, homme intègre, qui se mit
en tête de faire des élections parfaitement libres. De son côté,
il tint parole ; mais, malgré sa non-intervention, les meneurs
politiques et les chefs de coteries dans les grandes villes, et
les *caciques* dans les villages et hameaux, firent tant, qu'ils
rendirent stériles les bonnes dispositions du ministre, et les
falsifications, les fourberies, la transmigration des âmes, la
résurrection des *Lazares* et l'apparition subite de localités in-
connues à la géographie, furent le cortége de ces élections
comme de toutes les autres.

Le tripotage n'est pas non plus le fait exclusif des politiciens
qui résident à Madrid. Il n'est pas difficile de le retrouver
dans toutes les administrations communales et provinciales,
remplies pourtant par des bourgeois qui ne font pas un métier
de la politique.

Dans les grandes villes, toute construction municipale coûte le double de son prix réel, et la moitié au moins de tout revenu éventuel disparaît en passant de la poche du contribuable à la caisse publique. On n'est plus scandalisé en voyant tel conseiller municipal ou provincial qui, entré en charge sans fortune aucune, en sort, au bout de deux ou trois ans de fonctions *non rétribuées*, avec assez de bien pour vivre impudemment de ses rentes et faire bâtir des maisons. Dans les villes secondaires, on suppute à haute voix, au café ou au cabaret, ce que la tolérance des jeux et de la prostitution rapporte bon an mal an à M. le Maire, et on calcule à un centime près ce que les tripotages de l'octroi produisent à tels ou tels conseillers municipaux. Au fond, d'ailleurs, personne ne les blâme ; les bavards se contentent de les envier, et tous leurs efforts ne tendent qu'à se substituer en leurs lieu et place. Si quelque moraliste chagrin se permet de souhaiter quelque chose de mieux, il est traité de rêveur ou de Don Quichotte fourvoyé.

Nous avons dit plus haut que l'immoralité et le désordre sont pour l'Espagne actuelle une note aussi caractéristique que le furent les moines, les manolas et les majos pour l'Espagne des romans et de la légende. Pour en fournir une nouvelle preuve, nous allons décrire un type nouveau, né de notre instabilité politique, et tout aussi espagnol que les personnages peints par Goya et Velasquez. Ce type est le *guérillero-conspirateur*.

On le trouve dans toutes nos provinces. Sans compter les carlistes, qui sont innombrables, non plus que les bandits dont nous avons parlé, et qui se transforment aussi en guérilleros à l'occasion, nous avons les *Toñete Galvez* de Murcie, les *Salvochea* de Cadix, et bien d'autres. A Valence, tout le monde connaît l'*Enguerino*, et en Catalogne les noms du *Xich de las Barraquetas*, de *Baliarda*, d'*Escoda*, etc., sont devenus populaires. Dans la région vasco-navarraise, le *Cojo de Cirauqui* et bien d'autres n'ont rien à envier à leurs congénères des autres régions. A Madrid même, au cœur de la nation, le type ne fait pas défaut : *Becerra*, *Ducazcal* et d'autres sont devenus de grands personnages, grâce au métier de guérillero-conspirateur, et maintenant ils regardent avec mépris les *Carbonerin*, qui persistent à exercer ce métier en toute conscience.

Dans le cours de nos discordes civiles, les guérilleros-conspirateurs se sont entre-fusillés par douzaines, et un grand nombre ont échangé leur métier pour une place officielle, mais le type se reproduit toujours sans perdre aucun de ses caractères distinctifs.

Le guérillero-conspirateur est reconnaissable à ses allures et à son costume. Coiffé d'un grand chapeau à larges ailes, incliné sur l'oreille; chaussé de grosses bottes, dont il frappe violemment le sol; tenant à la main une canne-gourdin dont la poignée est un buste de la République ou de Don Carlos, il se promène d'un air vainqueur, causant avec mystère et n'élevant la voix que pour proférer de formidables jurons. A l'approche des troubles politiques, notre type exagère encore ses rodomontades et se donne des airs d'homme important. Au café, au cabaret, il tire ses amis à part et leur montre complaisamment, mais en *très-grand secret*, une nomination de colonel ou de général, signée par le chef conspirateur le plus en vedette pour l'heure, ce qui ne l'empêche pas, d'ailleurs, de s'esquiver souvent au moment du péril. Ces hommes funestes, toujours prêts à lever l'étendard de la révolte pour celui qui les paye, sans en excepter la police, sont un vrai danger pour tout gouvernement faible; car, plutôt vantards que braves, ils n'osent pas affronter de véritables dangers et ne s'insurgent que lorsqu'ils sont sûrs de l'impunité.

A l'heure actuelle, les guérilleros-conspirateurs sont dans la joie. La mort de Don Alphonse, sans successeur majeur, nous a légué une situation entièrement faible, car tout le monde s'accorde à reconnaître qu'une minorité d'au moins treize ans sous la régence d'une femme étrangère n'est pas possible. Aussi tous les guérilleros des partis d'opposition s'agitent à qui mieux mieux. Ceux qui arborent les couleurs libérales organisent leurs forces dans les grandes villes. Ils n'attendent plus que le signal, qui partira, soit d'un des partis politiques, fatigué de la situation expectante dans laquelle ils se tiennent tous actuellement, soit d'un groupe de joueurs à la Bourse, désireux d'empocher les *bénéfices* que leur produira une baisse certaine.

Ce dernier cas ne serait pas sans précédents, car notre Bourse, plus riche de perfidies que d'argent comptant, sait fort bien tourner à son profit l'immoralité générale ; et les conspirations, voire même les insurrections, sont des moyens qu'elle emploie, non sans quelque succès.

Si l'on recherchait soigneusement les motifs qui ont produit en Espagne bien des coups de force ou des *pronunciamientos* avortés, comme celui qui dans les derniers temps du règne de Don Alphonse causa la mort de deux officiers, fusillés à Gérone, et comme beaucoup d'autres, on trouverait sans doute qu'ils furent dus à la cupidité de quelques boursiers sans conscience, qui ne reculèrent pas devant ces affreux moyens pour se procurer un gain de quelques milliers de francs.

Pour toutes ces raisons, et pour bien d'autres encore, le métier de guérillero-conspirateur se perpétue parmi nous et donne à notre politique une couleur bien caractéristique. Le guérillero-conspirateur manque rarement de besogne. Tantôt c'est le joueur à la Bourse qui l'occupe ; tantôt ce sont les croupiers des jeux prohibés qui utilisent ses services ; enfin les politiciens sevrés du pouvoir ne peuvent pas se passer de son aide. Les joueurs de toute espèce rétribuent ses services en billets de banque ; quant aux politiciens, lorsqu'il a réussi à les hisser au pouvoir, ils l'admettent à la curée des places. L'armée compte beaucoup d'officiers, et même d'officiers généraux, qui y sont entrés grâce à leurs exploits comme guérilleros-conspirateurs. Le plus sanguinaire des chefs de bande carlistes qui ravagèrent la Catalogne durant la dernière guerre, Miret, de simple civil qu'il était, fut improvisé colonel de l'armée régulière. Bon nombre de ceux qui atteignirent aux plus hauts grades de l'armée, par la protection du général Prim, étaient sortis de l'honorable classe des guérilleros-conspirateurs.

Le type que nous venons de décrire, est un type vraiment espagnol, digne d'être étudié et connu des étrangers qui s'occupent de notre état politique et social. Son existence prospère explique bien des choses qui semblent presque invraisemblables.

IX

Mais, nous demandera-t-on, quelle est la situation du pays, du vrai pays, dans tout cet imbroglio? Que pense-t-il? Que désire-t-il? Qu'espère-t-il? Y a-t-il quelque moyen d'arrêter la décadence de cette pauvre nation espagnole?

Nous avons répondu d'avance à la plupart de ces questions dans les chapitres précédents. L'immoralité et l'ignorance, qui sont les traits saillants de la vie politique, sont le reflet même de l'état du pays. Nous sommes enfermés dans un cercle vicieux. Les gouvernements, les partis et les coteries dirigeant la politique sont tout ce que peut produire la nation dans sa situation actuelle, qui s'aggrave de jour en jour; et la nation ne peut devenir meilleure tant que ceux qui la dirigent persisteront dans la voie funeste qu'ils suivent. Une violente secousse pourrait donc, seule, nous sauver. Mais il faut un ébranlement général, une transformation complète. Qui donc est capable de les réaliser?

Au commencement de cette étude, nous avons avancé que la nation espagnole se trouve aujourd'hui en pleine décrépitude, et qu'elle est arrivée à cet état décadent sans passer par l'âge viril, par l'âge de la force plénière. Nous croyons avoir suffisamment justifié cette affirmation dans l'ensemble de notre travail. Le fait est constaté; il ne nous reste plus qu'à ajouter quelques mots sur ses causes.

L'Espagne n'est pas une nation *une*, composée d'un peuple *uniforme*. Elle est tout le contraire. Dans notre péninsule, depuis les temps historiques les plus reculés, une grande diversité de races a pris racine, sans jamais se confondre. A une époque plus rapprochée, deux grands groupes se sont constitués: le groupe *castillan* ou central-méridional, et le groupe *vasco-aragonais* ou pyrénéen. Or les caractères et les traits de ces deux groupes sont diamétralement opposés. Le groupe central-méridional, sous l'influence du sang sémitique qu'il doit à l'invasion arabe, se distingue par son esprit rêveur, par sa disposition à la généralisation, par son amour pour le faste, la magnificence et l'ampleur des formes. Le groupe pyrénéen.

issu des races primitives, se montre beaucoup plus positif. Son génie est analytique, et, rude comme son pays, il va au fond des choses, sans considérer la forme.

Le développement historique porta au premier rang le groupe rêveur et généralisateur. Le système aragonais, au contraire, basé sur la liberté, reposant sur la confédération libre, dut céder le pas au régime castillan autoritaire, centralisateur, absorbant à outrance. Le sort ou la fatalité nous porta à la découverte de l'Amérique. Cette conquête et assimilation ne fit qu'affirmer la prépondérance du groupe central-méridional. Tout notre sang, toute notre vie furent transportés au Nouveau Monde; et, pendant que nous dépensions là-bas toute notre force jusqu'à la défaillance, toute notre sève jusqu'à l'épuisement et que l'anémie nous gagnait, l'Europe se rajeunissait dans la Renaissance et se retrempait dans la Réforme. A la fin, nous nous rendîmes compte de cet état de choses; mais, fiers de notre extension coloniale et de nos richesses nouvellement acquises, ignorants de notre faiblesse intérieure, nous nous abandonnâmes à la remorque du groupe castillan, plus prépondérant que jamais, et qui se jugea capable de lutter contre l'Europe entière. Les *tercios* de Castille remportèrent des victoires éclatantes en Italie, en Flandre, en Allemagne; mais, bientôt après, la chute fut profonde et les revers dépassèrent les succès. Notre décadence suivit immédiatement notre élévation. Les derniers rois de la maison d'Autriche laissèrent une Espagne dépeuplée et démoralisée. La dynastie des Bourbons acheva l'œuvre, en réduisant toute la nation à un absolutisme aveugle et en la soumettant à la centralisation absorbante de l'esprit castillan.

L'Espagne ne sortit de sa torpeur qu'au bruit de la Révolution française et des canons de Bonaparte. A notre réveil, encore assoupis d'ailleurs, nous ne sortîmes de l'absolutisme que pour tomber dans le faux parlementarisme. Nous avions laissé passer, sans rien faire, la féconde époque de la virilité.

De toutes ses éclatantes qualités, le groupe central-méridional n'a gardé que l'esprit d'absorption, de réglementation, d'imposition. Il ne songe qu'à dominer sur les provinces; mais il le fait avec la légèreté et la nonchalance qui le caractérisent. Le Madrid que nous avons décrit, avec ses intrigues de

politiciens, ses tripotages d'hommes d'affaires, le commerce
facile et aimable de ses habitants, est le représentant le plus
complet du genre. D'autres grandes villes castillanes et anda-
louses peuvent lutter sur ce point avec la capitale, et ont encore un attrait spécial. L'étranger s'y trouve à son aise, et parfois il en sort enchanté. Séville en est un bel exemple. La
légèreté, l'amour passionné pour les formes, la belle humeur
entremêlée toujours d'une morbide mélancolie, l'excès d'imagination, qui tient lieu de toute méditation solide et se traduit
dans un langage vif, animé et rempli d'images et d'expres-
sions purement pittoresques, s'y trouvent à leur comble. Dans
ces maisons à cour moresque, où tout les soirs on entend des
chants et des sons de piano ou de guitare, la vie s'écoule heu-
reusement, au moins en apparence, et l'on y exerce l'hospitalité avec toute la grâce andalouse. Mais qu'on ne sorte pas de
la ville et qu'on ne pénètre pas dans les intérieurs de ses quar-
tiers pauvres! Le manque d'instruction, d'industrie, de travail
productif, et surtout de prévoyance et de toute condition solide, changent la pauvreté en misère. On la supporte bien souvent en chantant, puisque, comme dit le proverbe castillan:

Quien canta sus males espanta;

mais ces apparences sont bien tristes pour celui qui considère sérieusement les questions et sait que, dans ce que nous
venons de décrire, se contient la synthèse de l'Espagne cen-
trale-méridionale, dominatrice de la Péninsule.

La race pyrénéenne n'est pas moins déchue; mais sa décadence est d'une autre nature. Ici règnent la rudesse, les appé-
tits terrestres, l'égoïsme jaloux. Les Catalans et les Basques
sont les travailleurs de l'Espagne.

Le groupe pyrénéen a perdu toute influence sur la marche
des affaires depuis qu'il a cédé à l'esprit dominateur du groupe
central. Celui-ci ordonne, il ne reste à l'autre qu'à obéir.

La résistance sérieuse qu'il a opposée aux accapareurs du
pouvoir ne date pas d'hier. Malheureusement pour tous, le
drapeau de l'absolutisme, que les combattants arborèrent dans
les dernières luttes, ne pouvait être un trait d'union entre tous
les patriotes de ces contrées. Il ne servit qu'à diviser l'opinion

dans les régions mêmes qui soutinrent la guerre, et à affermir la domination castillane sur tout le reste de la péninsule.

Telle est la situation présente de l'Espagne. On peut dire que cette nation vit en pleine négation; c'est une véritable orgie d'idées négatives. Demandez à la plupart des Espagnols s'ils sont monarchistes : ils vous répondront qu'ils ne le sont pas. Demandez-leur s'ils sont républicains, ils vous répondront qu'ils ne le sont pas davantage. Que sont-ils donc? Ils ne veulent pas le savoir : la négation leur suffit.

Ils sont fatigués de tout. L'antique fatalisme musulman nous envahit de nouveau. Le paysan végète misérablement, sans faire le moindre effort pour sortir de l'ignorance, de la routine, de la pauvreté. Le citadin vit du paysan, lequel vit à peine de sa terre. Le progrès n'a pas encore pénétré ici. Le mouvement intellectuel y est presque nul. La presse politique seule sert de pâture aux esprits, et quelle pitance ! La librairie de fonds est dans un état rudimentaire. On ne publie guère que des éditions de luxe, imprimées avec des clichés usés, qu'on relie fastueusement pour l'ornement des bibliothèques, et que l'on se garde bien de feuilleter. La lecture se borne à des romans frivoles ou à des insanités pornographiques.

Au milieu de ce néant, une seule idée positive subsiste. Elle se résume dans l'absorption de toutes les Espagnes par le groupe central, dont la grande préoccupation du moment est d'imposer la législation castillane à toutes les régions pyrénéennes. C'est la fin de la fin.

Mais nous nous trompons en disant que celle-ci est une idée positive. En réalité, elle est aussi négative que toutes les autres, car l'esprit de domination et d'absorption s'y manifeste sous sa forme destructive. Il a anéanti tout ce que nous conservions de caractéristique, tout ce qui constituait notre force; et en échange il nous a donné, quoi? le faux parlementarisme, dont nous avons dépeint les révoltantes monstruosités. Le groupe prédominant, dominé à son tour par les coteries qui se sont fait un fief du gouvernement de l'Espagne, se trouve satisfait de régner, ne serait-ce que sur des ruines. Il veut commander, et il commande. Séparé de la vie réelle et du concert européen; vivant dans l'illusion qu'il constitue une race supérieure et se nourrissant du souvenir de son passé; entretenant le petit peuple dans un état misérable par l'obligation où il est de soutenir le luxe de ses meneurs, ce groupe, toujours imprévoyant et léger, s'est persuadé que cet état de choses durera éternellement. Son désir de domination est satisfait, et il ne se préoccupe pas d'autre chose. S'il a besoin de vaisseaux de guerre, les arsenaux anglais les fournissent. Faut-il des articles de fantaisie, des vêtements, des outils : les fabricants français, allemands, belges, n'attendent que nos ordres. Si des ouvrages scientifiques, des lois, des codes, des constitutions même lui sont nécessaires, il ne se donne pas la peine de méditer : il a tout simplement recours à des traductions plus ou moins libres de ce qui se fait dans d'autres pays unifiés et assujettis comme nous à des pouvoirs absorbants et autoritaires. Le système français a été jusqu'ici notre modèle, et c'est lui que nous avons tenté de copier. Madrid cherche par tous les moyens à paraître un petit Paris, et, s'il ne parvient à lui ressembler ni par ses lumières, ni par son activité dans les sciences, l'industrie et les arts, par contre il imite parfaitement son modèle dans tout ce qui a trait à l'absorption et à la domination des provinces par la capitale. Par malheur pour Madrid, les nations étrangères ne sont pas sous sa dépendance, et il ne peut pas les exploiter comme les provinces; il faut donc qu'il se rabatte sur la richesse nationale pour nourrir son oisiveté.

Nous voici arrivé au terme de ce petit travail, qui, réduit aux dimensions que permet une simple étude, n'est pas aussi complet qu'on pourrait le souhaiter. Nous n'avons pas la prétention d'avoir montré le triste état de notre pauvre pays dans toute sa désolante nudité; nous avons seulement désiré attirer l'attention des lecteurs étrangers sur quelques détails de notre état social et politique, détails que la plupart d'entre eux ignoraient assurément. Notre patriotisme nous imposait l'obligation de dévoiler une partie des misères qui nous conduisent rapidement à une ruine complète. Le premier pas pour tenter la guérison d'une maladie est d'en étudier les symptômes et les effets. L'art médical est impuissant à guérir le malade qui s'oppose à cette épreuve préalable.

Ce salut, sommes-nous en droit de l'espérer? Serons-nous aussi fatalistes que la plupart de nos concitoyens? Nous ne pouvons jamais perdre toute espérance, et, quoique nous considérions la chose comme presque impossible, une seule probabilité nous suffit pour conserver notre confiance en l'avenir. Notre maladie est si grave, qu'une forte secousse peut seule nous guérir, ou tout au moins nous soulager. Et cette secousse, pour être efficace, doit commencer par ceci :

Détruire jusque dans ses plus profondes racines le faux parlementarisme, en balayant tous ces partis, ces coteries, ces bandes, qui se partagent le pouvoir et répandent jusqu'aux derniers confins de la nation l'immoralité, qui est devenue le trait le plus saillant de notre caractère ;

Détruire aussi l'uniformité et l'autoritarisme centralisateur qui étouffe et détruit tout ce qui nous restait des conditions historiques, et les remplacer par une organisation vraiment libre, basée sur un système réellement représentatif,

Et anéantir enfin la prépondérance et la domination exclusive du groupe central-méridional en les partageant avec le groupe pyrénéen.

Seule, l'harmonie entre l'esprit généralisateur castillan et le caractère analytique des régions qui constituaient l'ancienne confédération aragonaise peut produire la synthèse d'une nouvelle organisation, qui nous conduise à une nouvelle vie politique et sociale et nous relève aux yeux des nations cultivées.

ERRATA

P. 10, ligne 27.— *Au lieu de :* fanatisme, *lisez :* fatalisme.

P. 15, lignes 30 et 31. — *Au lieu de :*

Maréchaux de camp......................	111
Brigadiers (généraux de brigade)	284

lisez :

Généraux de brigade { Maréchaux de camp...... 111 / Brigadiers.............. 284

P. 17, ligne 20. — *Au lieu de :* les nations de l'Europe, *lisez :* les nations continentales de l'Europe.

P. 21, lignes 19 et 20. — *Au lieu de :* l'industrie catalane, *lisez :* l'industrie de quelques villes catalanes.

Montpellier. — Imprimerie centrale du Midi (Hamelin Frères).

www.ingramcontent.com/pod-product-compliance
Lightning Source LLC
Chambersburg PA
CBHW070944280326
41934CB00009B/2010